**KNOWING** 新聞

遊讀世界

發行人／林育申
總編輯／楊方儒
資深採訪編輯／何渝婷
採訪編輯／張詠晴
美術設計／L² Studio
攝影師／王仁昌（倆人攝影）
化妝師／Sunny.L Makeup Hairstyle Studio、
　　　李松真 0952650061、胡美復 0930883881
專案總監／鄭君良

總經銷／時報文化出版企業股份有限公司
地址／桃園市龜山區萬壽路二段 351 號
服務專線／02-23066842

發行／先知資訊股份有限公司
地址／台北市重慶南路一段 57 號 6F-17
服務專線／02-23110098
E-mail／hi@knowing.asia

出版社／台灣遊讀會股份有限公司
地址／新北市五股區五權三路 22 號 6 樓
服務專線／02-22999770
E-mail／service.youduworld@gmail.com

印刷製版／上校文化印刷有限公司
出版日期／2019 年 12 月第一版第一次印行
定價／250 元
ISBN／978-986-97159-4-2

**楊方儒** KNOWING新聞暨幣特財經總編輯

英國Leicester大學企管碩士/天主教輔仁大學新聞傳播學士
投入新媒體與Mobile Internet的資深媒體人，也是第一位橫跨大陸、香港、台灣的財經新聞人，並管理兩岸三地編採團隊運作。著有《貧創新》《郭台銘:錢不能解決一切問題》等暢銷財經書籍，並先後於《中國企業家》《財經天下周刊》《TVBS》《中國時報》《旺報》《BuzzOrange》撰寫專欄文章。

　　回顧歷史上的2015年，法國巴黎發生連環恐怖襲擊，恐怖組織伊斯蘭國處決了日本自由記者，葉門首都的兩座清真寺，則被連續自殺式炸彈摧毀。

　　台灣當然是安全的，我們沒有遭受恐攻，但是在政壇，那一年確實發射了幾枚深水炸彈。

　　在台北市中山區的國民黨立委初選，1978年出生的蔣萬安，勝過三連霸立委羅淑蕾。在台中第三選區，1982年出生的洪慈庸，擠下了六連霸立委楊瓊瓔。在台北的中正萬華區，1976年出生的閃靈樂團主唱林昶佐，一路高歌，最終勝選四連霸立委林郁方。

　　連霸立委，一直是台灣國會的常態。雖然說「萬年國會」解嚴後已不復存在，但即使到了政黨輪替後，王金平仍做了17年的立法院長，他戮力從公、調和鼎鼐的「年份」，長達44年之久。

　　更不用說，各縣市議會中，任期達二十年、甚至三十年的資深議員，更是所在多有。「政壇長青樹」，同時有著正面與負面意涵。

　　蔣萬安、洪慈庸、林昶佐，三十世代的他們，進入國會之後的問政成績，大家都看在眼裡。這也是尋求連任立委的他們，尋求民眾以選票表達認同，最有利的武器。

　　直到2019年兩黨初選，以及台灣民眾黨成立以來，我們看到，年輕世代參選人不是等差級數的提升，而是等比級數的爆發！國民兩黨中央面對艱困選區，以及台灣民眾黨提名方向，不僅讓二十世代出頭天，空降、刺客、網紅更是北中南各選區「常態」。

　　國民黨的艱困地方，例如台中第一選區。要能在海線對決現任立法院副院長蔡其昌，藍營確實是難上加難，最終提名了韓家軍的「最強榮農」林佳新。

　　厝邊的台中第二選區，國民黨立委顏寬恆則是老神在在，陸軍組織戰實力堅強。民進黨則禮讓基進黨發言人陳柏惟，他有著全國性的網路空軍優勢。

　　至於台灣民眾黨，全台灣都是艱困選區！每一位提名人都是刺客，他們更要優化空戰能力。

## 不可忽視兩大勝選關鍵

　　總的來說，本屆立委選舉選情有兩大關鍵，一是網路空軍操作，二是年輕世代選票流向。

　　網路空軍比的是，在臉書、LINE、Instagram、YouTube等多元平台上，議題擴散與觸及能力，更重要的是，最終開出選票的

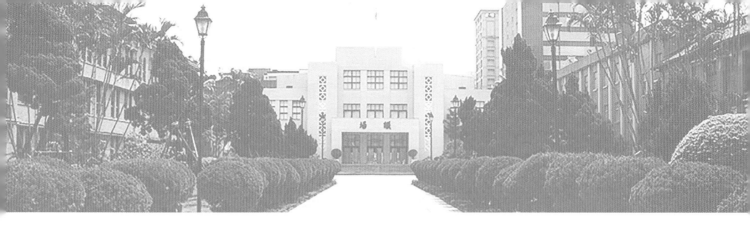

轉化率。2018年的台北市議員選舉中,網紅呱吉以30萬的臉書粉絲,以及170萬的選舉經費,開出11786票數勝選,成為邱威傑議座。

政治傳播(Political Communication)的渠道,從廣播到電視,從報紙到網路,呈現方式始終在變。第九屆立委的全國第一名,在台南拿下153553張選票的王定宇,對我貼切比喻說,「坦克車對上砲塔一樣,還留在砲塔的人一定會被坦克車消滅掉。」

川普在2016年當選前後,對於CNN與紐約時報的持續抨擊與打壓,甚至取消資深記者的白宮採訪證,全世界都看在眼裡。透過臉書與推特等社群平台創造影響力,看得出來,川普的選戰主舞台,從來就不是傳統媒體。

民主黨雖然在歐巴馬時代,擁有社群基礎與勝選經驗,但是從希拉蕊的敗選結果來看,她在虛擬世界的魅力與宣傳力,顯然遠不及強人川普。

## 智慧型手機成為你的器官

從臉書與YouTube誕生的第一天起,跨國網路平台巨頭們,就是來顛覆傳統媒體閱聽模式的,所以我們確實回不去了。每個人只要有手機,都能成為內容產製者(content provider),在臉書與各大平台上,創造流量與吸引眼球!只要有梗,就能成為網紅,台北市長柯文哲更成了政治網紅。

回顧這兩年「館長現象」的奇妙之處,就是自媒體與網紅,已經比傳統媒體,更有聲量與影響力。就連郭台銘在國民黨總統初選之際,都找館長一起爬象山,希望觸及他的年輕粉絲。

找網紅合體,不如自己成為網紅,這已經是台灣政治人物的顯學。包括蔡英文逛西門町,馬英九當店員,更是「總統級」的網紅操作。

無論是台灣的選舉,先進與新興國家的政治與社會脈動,網路都已經是不可或缺的關鍵引擎。特別是Mobile Internet(移動互聯網),讓每個人都被釋放了。

釋放?因為移動互聯網才是真正的互聯網,你我手上的智慧型手機,成了人類感官的無限延伸,我們也看到,從宅神到翟神到戰神,線上虛擬的「造神運動」,越來越夯。只不過,水能載舟亦能覆舟,「阿北」柯文哲自2014年台北市長勝選迄今,網路聲量居高不下,但台灣政壇失言是常態,這也讓他遭遇網友聲討,甚至「退讚」。

## 年輕人會投給年輕人嗎?

過去我們說,網路是窮人的核子彈。現在我更要說,網路是年輕人的太空船。

核子彈與太空船?因為在這個時代,每個人都不只可以透過網路成名15分鐘,還可以創造偉大的全球能量與運動。比起上一代或上上一代,20世代的台灣年輕人,是原生的網路住民。

現在這一群人，前仆後繼想要進入國會中發聲。

1988年出生的呂孫綾，四年前在新北市第一選區參選，包括在淡水老家與八里、林口都開出紅盤，最終以110243高票當選，讓她成為全立法院第九屆年紀最輕的委員。林口就是新北市移入人口成長最快，也是平均年齡年紀最輕的一區。

1992年出生的賴品妤，跟呂孫綾同樣在27歲這一年，受民進黨徵召參選。她的選區是新北第十二選區，包括汐止、萬里、金山、瑞芳、平溪、雙溪、貢寮，跨度相當大。

呂孫綾有「淡水蔡依林」暱稱，賴品妤則有「太陽花女戰神」美稱，年輕、高學歷、形象清新都是她們共同特徵。賴品妤甚至是喜好cosplay的動漫迷，網路上都是她的比基尼露溝美照。

至於在高雄第二選區，高䠷高顏值的黃韻涵，1984年出生，是國民黨最年輕的立委候選人。作為岡山在地女兒，母親是高雄市議會副議長陸淑美，2016年黃韻涵飲恨落選。2019年捲土重來的一大原因，是韓國瑜在2018年參選高雄市長時，順利喚回了北漂年輕人的心。

## 台灣政治版圖正在重劃

在兩黨制的台灣，區域立委的選區，確實很「小」。在2008年實施單一選區兩票制之後，立委選區比議員選區還要小，小到只有兩黨對決的空間，小黨難以在藍綠之間突圍。

舉例來說，台北市大安區與文山區，是台北市議員選舉第六選區，總共選出13席。但立委選區則是各自獨立，大安選一位、文山選一位。

面對小選區選民，立委必須比議員，更勤跑婚喪喜慶。尤其選前的緊繃時刻，每天清晨五、六點上遊覽車送里民出遊，順道講上兩句政見，更是必要行程。

立委跑得比議員還勤，這確實是他們的日常。只不過，當地方鄰里選民的呼喚，與中央國家大事衝突時，孰輕孰重？時代力量前主席黃國昌，在2017年於新北第七選區遭提案罷免，緣由之一就是被批評「選民服務」做得不夠。

立委都能滿足地方政見，自然不會發生「罷昌」的憾事。只是如果立委服務處，比議員與里長，管得、看得都還要更瑣碎，這又陷入另一個惡性循環了。

立委的小選區對決，也確實更鞏固了兩黨制，這讓小黨很難出頭天！加計政黨票，小黨的不分區席次，也就是兩、三席，實在很難撼動重大議案，難以改變政治現實。

親民黨、新黨、台聯，乃至於時代力量，都是國會歷史上的例證。洪慈庸與林昶佐脫黨，以及時代力量的路線之爭，只是大環境中的縮影。至於台灣民眾黨與郭家軍，未來是否能夠跳脫小黨宿命？時間軸線，可以用五年來做度量。

且讓我們樂觀期望，更有效率的國會殿堂。

# 勿忘初心

何渝婷

　　從2019年7月開始，我陸續訪問了十多位現任立委及立委參選人，在這些受訪者當中，我感受最深的就是「青年參政」。這次的立委選舉，有好多40歲以下的年輕人站出來參選，希望能前進國會，為民發聲。在採訪的過程中，我深受感動，他們有些人在自己原本的專業領域，已佔有一席之地；也有人是新手奶爸，必須在參選與家庭中找到平衡。

　　但不管面對多少困難，他們還是站出來了，為什麼呢？

　　因為他們熱愛台灣這片土地，他們想為自己的家鄉盡一份心力，想為自己的國家做出一點改變，縱使有許多嘲諷、不看好的聲音，縱使身處艱困選區，大家仍可以看到他們在街頭、菜市場、捷運站，賣力介紹自己的身影。

　　政治這條路或許很複雜，但我感受到他們的心很純粹。

　　2018年2月1日，我的第一本書《就想演戲》問世。我在這本書中，訪問了植劇場的24位新秀演員，還記得那些年輕演員眼中，散發著對表演的炙熱及堅持，而他們也確實做出了一些成績，有些人得到金鐘獎最佳新人獎、最佳女配角獎，甚至也有人入圍最佳女主角獎。偶爾回去翻一翻他們以演員身份，初出茅廬的訪問時，都覺得很神奇，也期待著他們能不忘初衷，繼續在自己喜愛的領域發光發熱。

　　在《2020立委空戰學》中，我也同樣在這些立委參選人身上，看見了夢想與熱忱，他們都很年輕，但他們無所畏懼。無論2020年立委選舉的結果如何，我都期待他們始終保有當初決定投身政治的初心，繼續用自己的方式堅持下去！

# 必勝北台灣

台北市與新北市雙都，超過 700 萬人口，不論在地人口與移入選民，網路空軍絕對是勝選關鍵。

仁愛路的帝寶豪宅，有哪一位候選人走得進去拜票？北海岸小村落，與平溪烏來山區，候選人又能多頻繁造訪？

手機上的各大社群平台，看來確實是城市精華區，以及偏遠鄉鎮地方，以及征服老中青選民的最佳渠道了。

主導全台灣政治經濟大勢！
重中之重的北台灣七縣市，

# 何志偉

## 用「肉加」方式進行兩棲作戰
## 斜槓立委要連任，
## 一年內拚兩次選戰！

「臉書粉絲專頁就像是我的咖啡廳，大家能跟我說話、交流意見、分享資訊，而每個議題都像是我用心沖泡的咖啡一樣，讓每個來到咖啡廳的人們，可以細細品嚐與感受。」正在爭取連任，台北市第二選區（大同、士林區）的民進黨籍立法委員何志偉表示。

其實何志偉真正意識到網路對政治人物的重要性，起始於他的得意政績「自由之路」。在美國求學期間，他曾接觸到波士頓設置的自由之路，那是一條將美國過往爭取民主人權相關的重要地點，全部串聯起來的人權之路。

當何志偉放棄美國國籍，回台投身政壇時，他參加了民進黨部舉辦的二二八紀念晚會，看著許多家屬都在紀念碑上找尋自己家人的名字，他就下定決心：「我一定要設立屬於台灣的自由之路！」

經過近五年的努力，何志偉在 2017 年，成功爭取到台北的兩條自由之路，分別是 1920 非武裝民主抗議路線，以及探勘二二八事件事跡。當他開心地在臉書粉絲專頁分享此一消息時，卻發現反應相當普通，似乎根本沒有人關心這兩條，象徵台灣邁向民主化的歷史道路。

這件事讓何志偉感到相當失落，也促使他開始思考，好的議題、政績，不該一直「恬恬做」，而是要利用開放的平台，以更有趣、活潑的方式，吸引大家的注意。

### 肉加＋語音訊息，精準抓住 8 成大同士林區選民的心

經過一段時間與幕僚的磨合，何志偉找到了他最適合的粉絲專頁管理方式。

截至 2019 年 11 月 1 日，何志偉的臉書粉絲專頁共有 3.2 萬人按讚，跟許多立法委員相比，

何志偉

**民主進步黨提名**

1982 年出生，台北市人

美國加州州立大學富勒頓分校財金系、美國南加州大學公共行政碩士

現任第九屆立法委員、第 11～12 屆台北市議員、民主進步黨第 14～16 屆中央常務委員

**台北市第二選區**
**大同區、士林區 -38 里**

## 臉書聲量分析

| 建立日期 | 按讚人數 | 追蹤人數 |
|---|---|---|
| **2014.5.17** | **32,662** | **32,765** |

**2019 年最受歡迎貼文：**

**總統蔡英文前往迪化街，為民進黨立委參選人何志偉站台**

**5318** 人按讚 ｜ **186** 則留言 ｜ **86** 次分享

**2019 年最受歡迎直播／影片：**

**台北普願宮歡慶 130 周年時，何志偉以韓語、英語、台語徒步繞境祝福**

**4053** 人按讚 ｜ **58** 次分享 ｜ **6.2 萬**次觀看

截至 2019 年 11 月 1 日

---

這個數字確實不多。但令人驚訝的是，這 3.2 萬人裡面，有超過 2.5 萬人都是大同、士林區的居民。

他是怎麼做到的？

區域立委最需要的，就是要讓選區內的選民可以看到他、記得他、認同他，進而投給他。但在這個人手一機、資訊爆炸的時代，該如何讓自己「出現在選民的手機裡」，成為何志偉最大的課題。

打開何志偉的手機相簿，裡面滿滿的都是跟民眾的合照，原來他選擇用「肉加」的方式，讓自己出現在選民的手機裡。

在與選民碰面的過程中，何志偉很喜歡與他們合照，並請他們拿出自己的手機，點進他的臉書粉絲專頁按讚，最後在選民的面前，把剛剛一起拍的照片，以私訊方式傳過去。

這樣不僅精準抓到對的目標受眾，同時還兼顧了互動性，「因為我展現出的就是在親自跟你交朋友，而不是由小編在經營，這樣就少了

點距離感，多了一些親切感。」何志偉分享道。

除了肉加之外，何志偉還會用語音的方式，親自回覆所有私訊臉書粉絲專頁的人。比起冷冰冰的文字，能夠聽到委員真實的聲音及回覆，那種溫暖是無法被取代的。

愛寫字的何志偉，偶爾也會以手寫信的方式，翻拍傳給選民。他認為，現在很多事情都太方便了，有時候多用一點心，反而更有溫度。

---

**前三屆參選人得票率分析**　　　資料來源：中選會

| 屆別 | 姓名 | 政黨 | 票數 | 得票率 |
|---|---|---|---|---|
| **第 7 屆** | 周守訓 | 中國國民黨提名 | 81,386 | 52.39% |
| | 王世堅 | 民主進步黨提名 | 71,119 | 45.78% |
| **第 8 屆** | 周守訓 | 中國國民黨提名 | 96,119 | 48.47% |
| | 姚文智 | 民主進步黨提名 | 99,229 | 50.04% |
| **第 9 屆** | 潘懷宗 | 新黨提名 | 65,967 | 36.42% |
| | 姚文智 | 民主進步黨提名 | 107,366 | 59.29% |
| **第 9 屆 缺額補選** | 何志偉 | 民主進步黨提名 | 38,591 | 47.76% |
| | 陳炳甫 | 中國國民黨提名 | 31,532 | 39.03% |

民進黨最年輕的立委參選人賴品妤，與台北市最年輕的立委何志偉合體拍照。

## 空戰跟陸戰的界線已經模糊了

當我們談到針對 2020 年立委選舉中，網路空戰及實體陸戰的操作比例時，何志偉認為，現在已經沒有辦法在兩者之間，去精準抓出一個比例，因為空戰與陸戰的界線已經模糊了。

何志偉以前覺得社群媒體就像是佈告欄，在上面發發資訊、做做調查而已。但後來才發現，它其實跟陸戰沒有兩樣，因為關鍵都在於互動，他強調：「我們已經來到體驗經濟的年代了，一場選舉，跟一個成功的產品要推出一樣，必須要有故事、有互動、有體驗，所以我不覺得空戰、陸戰有比例問題。」

何志偉在勤走基層的同時，他的團隊隨時會在臉書粉絲專頁上，以文字、圖片、直播的方式，讓選民感覺到「阿偉隨時在我身邊」。空戰與陸戰的完美融合，也使選民對何志偉的好感度、黏著度更高了。

那為什麼有這麼多的社群平台，何志偉卻只專注在臉書粉絲專頁上呢？

他認為，時間對他來講是最珍貴的資產，不管是訊息傳遞、互動交流、意見討論，都應該要以最有效率的方式來處理。頻道越多，資訊就越容易變得更複雜，倒不如鎖定單一平台，專心經營就夠了。

另外，何志偉的選民們不僅會積極在各平台，幫忙發布政績、議題、直播預告等相關資訊之外，在地方上碰到問題需要求助時，都會主動私訊何志偉的臉書粉絲專頁，所以有一定比例的服務案件，透過 Messenger 就直接處理完了。

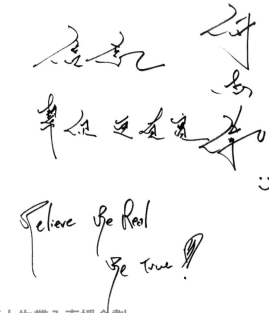

民意代表
不是要當明星，
而是要贏得民心。

## 跟選民的關係變成家人

曾經身為台北市最年輕的市議員，也是台北市最年輕的第九屆立法委員，何志偉的溫暖、親民，使很多在地的婆婆媽媽、叔叔伯伯，都把他當作是兒子、孫子般看待。

還記得半年多前立委補選那段時間，每天凌晨出門、午夜回家，何志偉整整瘦了十公斤，看在選民眼中，很是心疼。

「每天回家後，都會發現外套口袋重重的，原來選民們都會偷偷塞食物到我口袋裡，甚至還有削好皮的水果。人家對我這麼好，我怎麼可能不拼盡全力好好做？」講到與選民之間的感情，何志偉口氣變得溫柔且堅定。

而投入 2020 年立委選舉的過程中，何志偉在掃街拜訪選民時，甚至收到來自支持者送的平安符。那位支持者告訴他說，選舉很辛苦，你要好好保重自己，讓這個平安符來保佑你。

聽到對方打從心底的關懷，何志偉差點掉下眼淚，「民意代表不是要當明星，而是要贏得民心」，這段話是他從政以來，一直提醒自己的初衷。他很清楚自己不是那種能靠高顏值、肌肉吸睛的政治人物，所以只能用加倍的誠懇、用心，以及有感的政策來贏得選民的支持。

## 將斜槓人生帶入直播企劃

自稱為「斜槓立法委員」的何志偉，除了是大同、士林區的立委之外，他同時也是假日畫市的市長，以及精品咖啡協會的榮譽理事長。在臉書粉絲專頁上，三不五時會辦一些小活動，邀請粉絲們來一起作畫、喝咖啡，並藉此機會，彼此面對面交流。

而在以斜槓身份與粉絲進行互動時，何志偉通常會開直播紀錄過程，而非選擇後製精美影片，再呈現於臉書粉絲專頁上。原因有二，一方面是製作影片較消耗人力及時間，直播相對簡單方便；另一方面則是，何志偉想呈現出最真實的自己，而非經過剪輯、包裝，況且，直播當下也能跟線上線下的粉絲，進行最直接且即時的互動。

「其實我不僅有十年的廣播經驗，還在 Yahoo TV 擔任過主持人，開直播對我來說，就是游刃有餘啦！」何志偉笑著說。

選擇按照自己的步伐，以每天走超過兩萬步的精神，何志偉持續勤走鄉里，並且努力兌現立委補選時承諾的拼經濟四主軸，包括廟口經濟、水岸經濟、長照經濟、老社區新經濟，希望選民們能感受到，他是一位真實、溫暖、有行動力、會做事、政策有感，且說到做到的立法委員。

何渝婷／文 ■

# 李彥秀

## 這位美女藍委能靠「兩棲操作」成功連任嗎？
### 面對一觸即發的「港湖女力」對決，

2019 年 5 月，中國國民黨立委蔣萬安在立法院委員會上忘記關麥克風，閒聊時說出：「支持韓的都是比較沒有理性的」這句話，不小心被大眾聽得一清二楚，也因此在網路上引起一陣熱烈討論。

正當輿論熱度最高的時候，台北市第四選區（內湖區、南港區）立委李彥秀，邀請蔣萬安一同演出「立法院驚悚片」，以「麥克風驚魂夜」為主題，自嘲「忘關麥」事件。

美女藍委合體立院男神大展「戲胞」，以幽默詼諧的方式，讓大家感受蔣萬安被「記得關麥喔！」這句話騷擾的各種樂趣。影片一出，就馬上突破萬人點閱，截至 2019 年 11 月 1 日，已有 7.8 萬次點閱率、近 2 千個按讚次數、177 次分享。

### 用 kuso 自嘲影片展現真實面貌

其實這不是李彥秀第一次透過影片創造極高網路聲量，早在 2019 年 2、3 月，她就拍攝了兩支「酸民毒蛇大挑戰」影片，正面迎擊網路上酸民們對她的酸言酸語，當時影片釋出後的兩個月內，就創下了 4.8 萬次的觀看數量。

而後，包括以職業婦女身份為小孩準備便當的料理影片、參與艋舺雞排製作過程的「一日店長初體驗」影片，截至 2019 年 11 月 1 日，都獲得超過 7 萬次的觀看數量。

從這些影片內容也讓許多粉絲驚喜發現，原來在立法院質詢台上，問政犀利的李彥秀，私底下的樣子跟他們想的不太一樣！

讓大家以影片的形式，看到平時嚴肅的民意代表，展現出最真實的那一面，這都歸功於李彥秀幕後一群年輕的幕僚團隊。

「以前我好在乎那些酸民留言，每次都難過

李彥秀

**中國國民黨提名**

1971 年出生，台北市南港區人

美國加州爾灣大學經濟系

現任第九屆立法委員、台北市議會第 8 ～
12 屆市議員、青溪婦聯會南港支分會主任委
員、南港區體育會理事長

台北市第四選區
內湖區、南港區

到辦公室主任要當張老師來安慰我。」不過自
從在辦公室助理們的鼓勵及規劃下，首次嘗試
拍攝回應酸民攻擊的影片之後，李彥秀發現，
用不同的觀點及見解去多做一些有別於以往的
嘗試，不僅她的心態會被調整，酸民也有可能
因此改變。

　　所以在第一次的自嘲影片得到熱烈迴響後，
李彥秀的團隊陸續規劃了各種不同種類的影片，
讓大家看到她身為職業婦女、媽媽，甚至是一
般民眾等不同身份時的生活樣貌。

　　所以在蔣萬安發生忘記關麥事件後，李彥秀
就決定邀請他一起合拍影片，由兩邊的辦公室
幕僚從劇本發想、運鏡、拍攝都共同合作規劃，
以逆向操作的方式，把一場失言風波拍成 kuso
自嘲影片，最終果然得到相當正面的迴響。

　　過去的政治人物往往讓民眾覺得彼此的距離
很遠，容易有種高大上的感覺。但在網路時代，
政治人物開始要改變心態和做法，來得到選民
的認同及支持。「現在在電視、網路、平面媒

體上，都時常能看到很多政治議題，我相信民
眾們偶爾也會想來點輕鬆的！所以透過我們的
分享，讓民眾每天的生活不要都那麼政治，這
就是網路新型態的經營模式。」李彥秀說。

　　不過李彥秀也清楚，自己的本業是民意代表，
那些輕鬆的影片只能偶爾為之。所以在她的臉
書粉絲專頁上，還是可以看到許多關於地方議
題、修法案、問政、辦公聽會等文章。

　　李彥秀希望透過網路平台，讓民眾更了解立
委的工作內容。因為一個法案的修改及建立，
並沒有那麼容易，過程中需要經過助理群深入
研究，以及產官學界不同面向的討論，立法委

**前三屆參選人得票率分析**　　資料來源：中選會

| | | | | |
| --- | --- | --- | --- | --- |
| 第 7 屆 | 蔡正元 | 中國國民黨提名 | 105,375 | 62.26% |
| | 徐國勇 | 民主進步黨提名 | 60,004 | 35.45% |
| 第 8 屆 | 李建昌 | 民主進步黨提名 | 78,097 | 33.85% |
| | 蔡正元 | 中國國民黨提名 | 111,260 | 48.22% |
| 第 9 屆 | 黃珊珊 | 親民黨提名 | 85,600 | 39.86% |
| | 李彥秀 | 中國國民黨提名 | 89,612 | 41.73% |

進而化為有效選票。也讓我的選民更能看見我為他們服務的成果，這不僅可使地方議題操作得更精準，我的粉專中，有一半以上都是港湖區的選民，

李彥秀與前新北市長朱立倫，一起煮「阿嬤最愛的白菜滷」，提醒大家應經常關心家中長輩。

員的工作並不是有些人以為的，跑跑基層就沒事了！

2019 年 8 月 21 日，民進黨中執會確定部分區域立委徵召名單，台北市第四選區將由「港湖女神」高嘉瑜出戰國民黨現任立委李彥秀。

李彥秀及高嘉瑜皆擁有全國知名度，許多人認為，高嘉瑜在網路聲量上略勝一籌。畢竟以粉絲專頁按讚人數來看，兩人分別擁有 6.2 萬及 23 萬的粉絲數（截至 2019 年 11 月 1 日），差距並不小。

不過，對於區域立委來說，網路聲量固然重要，但能否將數字化為實際選票才是關鍵！

「我的臉書粉絲專頁中，有一半以上都是港湖區的選民，這不僅可以使地方議題操作得更精準，也讓我的選民更能看見我為他們服務的成果，進而化為有效選票。」李彥秀認為，這是一個長期耕耘累積的過程，不過面對 2020 年立委選舉，她也絲毫不敢大意。

記得在 2016 年立委選舉時，港湖地區共有 8 位候選人，包括無黨籍的何偉、綠黨的陳尚志、親民黨的黃珊珊、和平鴿聯盟黨的李岳峰、台灣獨立黨的陳兆銘、國民黨的李彥秀、台灣團結聯盟的蕭亞譚、時代力量的林少馳。而當時李彥秀的主要對手為親民黨提名的黃珊珊，最後李彥秀以 4012 票的些微差距險勝，成功當選第九屆立法委員。

李彥秀與高雄市長夫人李佳芬，參與台北市工商婦女會活動。

李彥秀在金瑞里辦理說明會時，100 歲的黃伯伯特別到場力挺。

不管是立委工作、基層服務、選戰、網路經營，我只求拼盡全力、無愧於心！

自從經歷過上一屆的艱困選戰之後，李彥秀就一直在思考，如何能讓四年後的選舉，變得更篤定？

## 美女藍委 v.s. 港湖女神，網路聲量會是關鍵嗎？

所以她當時就下定決心，要把每一天都當作選戰在打。不管是跑基層、立院問政，都必須在有限的時間和資源裡，發揮到極致，「我不希望我在開票的那一天，後悔自己有哪件事做得不夠。所以不管是立委工作、基層服務、選戰，甚至是網路經營，我只求拼盡全力、無愧於心！」李彥秀表示。

對於 2020 年的立委選舉，港湖區將再度迎來「女力對決」的局面。面對到形象活潑、深得年輕人支持，並且在 2014 及 2018 年的台北市議員選舉中，兩度奪得港湖區第一高票的強棒高嘉瑜，李彥秀相當清楚，自身的優勢除了粉絲專頁精準的受眾群外，還包括過去 5 屆的市議員經歷及 4 年的立院經驗。

「每個人都有各自的特長及缺點，我只能盡力去彌補缺失，並強化本身的優勢。」李彥秀期許自己在空軍及陸軍的操作上，都能發揮出最大的效果，讓選民們看見她的努力，進而使她成功連任港湖區的立委。

何渝婷／文 ▮

# 吳怡農

## 力圖翻轉艱困選區
## 特戰男神靠著金融、國防專業，
## 別再以為他只有肌肉！

我認識怡農好多年了，我開始做財經新聞就是從投資銀行起家，這是非常幸運的起點，因為投資銀行有無數經濟學家、產業分析師、deal banker 可以教我很多事情，甚至連中港台富商子女在哪裡實習，哪家孩子上進哪家孩子鬼混，這類奇怪消息一大堆，我也因此奇怪的跟很多富貴家族打過交道。就說德意志銀行最近爆出的醜聞，當事人有好幾個都是面對面見過的。

吳怡農是一個異數，他還在高盛證券時，自己從香港飛回來台北主動找上我。

他來找我，我以為是要談他們做的投資銀行交易，本來很開心的，沒想到他說，想要贊助在台灣的調查報導，因為台灣的新聞越來越灌水，擔心台灣沒有真實的好報導了，擔心台灣的新聞學院學生不再進入新聞產業，因此他想用這幾年存下來的錢來贊助大學生或研究生進行調查報導。

我大概可以猜到吳怡農的薪水區間，他其實並沒有大家想像中有錢，完全沒有。高盛就是賣命錢，辛苦的程度超越想像，在客戶面前你就是沒有尊嚴。

這次選舉我聽到有人說，吳怡農請了 40 個專職網路團隊，我真的快笑出來，沒有，沒有，真的沒有。我沒把調查報導計畫太當真，因為我知道他的財力沒辦法燒多久，而且做這件事情需要一個執行幕僚來好好專心經營，甚至進行後續募款。我很難有心力去張羅這些事情，隨便應付了過去。

之後我聽說吳怡農離開高盛，就沒再聽說他的事情，直到有一天我在網路上看到他寫的一篇分析台灣國防預算的文章，因為寫得很好，我完整看完了，看了一下名字，嚇了一跳，他是在贊助自己寫報導嗎？於是寫了 email 給他，

吳怡農

民主進步黨提名

1980 年出生，台北人

美國耶魯大學經濟系

高盛集團 Goldman Sachs 執行董事、York Capital Management 副總裁、行政院參議、國安會專門委員

台北市第三選區
中山區、北松山區

## 臉書聲量分析

| 建立日期 | 按讚人數 | 追蹤人數 |
|---|---|---|
| 2015.5.18 | 72,550 | 78,927 |

**2019 年最受歡迎貼文：**

### 吳怡農談論現行四個月的義務役期，以及為何很多人都不想當兵？

**2 萬**人按讚 | **661** 則留言 | **1635** 次分享

**2019 年最受歡迎直播／影片：**

### 吳怡農在中秋節時，祝福香港人堅持的一切能如月亮般圓滿明亮

**1 萬**人按讚 | **988** 次分享 | **14 萬**次觀看

截至 2019 年 10 月 24 日

沒想到真的是他，他已經進行了一系列研究，寫了很多文章，把近年台灣國防預算、採購項目都細讀了一遍，對兵役制度、建立菁英軍種等國防議題都有宏論。

吳怡農告訴我，他從高盛離職，回台灣當兵了，並且開始籌備關注台灣國防事務的網站，也就是現在的「壯闊台灣」。我聽他說的時候我快落淚了，他來找我時，我只把他當成一個有點錢瞎胡鬧的富少，一時興起說什麼想為台灣做事，真的沒放在心上。

在宣布參選立委之前，吳怡農的最後一份工作在國安會，他一心研究的課題，是一旦台海發生戰爭，台灣本島陷入被攻擊情境時，所有的道路橋樑、公共設施、供電、供水、糧食供應等，台灣會遭遇哪些危機劇本，現在應該如何規畫公共建設。因為他說，台灣只有自己，他必須讓台灣在最糟的情形下也能靠自己站起來，仍然是一個獨立之島。

吳怡農是我的朋友，他可能是全台灣最瞭解國防預算的前幾個人之一，他在三十多歲以前，在全世界最好的投資銀行工作了十年，看過無數投資案，寫過無數調查報告，真金白銀的替高盛證券賺過無數錢。

吳怡農有大好的未來，他可以到處泡妞，但他選擇回台灣，投入一個很複雜、困難的國安議題，甚至在他所代表的政黨陷入低潮時，站出來投入最困難的選區，即使所有人都說他不可能贏國民黨的對手蔣萬安，上次見面時他還是樂觀的告訴我：我現在還不算真正開始呢！

資深財經媒體人胡采蘋／文

### 前三屆參選人得票率分析

資料來源：中選會

| | 姓名 | 提名 | 得票數 | 得票率 |
|---|---|---|---|---|
| 第7屆 | 蔣孝嚴 | 中國國民黨提名 | 99,959 | 60.25% |
| | 郭正亮 | 民主進步黨提名 | 63,773 | 38.44% |
| 第8屆 | 簡余晏 | 民主進步黨提名 | 89,417 | 42.30% |
| | 羅淑蕾 | 中國國民黨提名 | 118,503 | 56.07% |
| 第9屆 | 潘建志 | 無黨籍 | 73,797 | 38.41% |
| | 蔣萬安 | 中國國民黨提名 | 89,673 | 46.68% |

# 許淑華

## 翻轉信義南松山嗎？她能靠「13年在地耕耘＋空軍操作」更上層樓選立委！

2019年9月27日，原本代表時代力量參選台北市第七選區（信義、南松山區）立委的陳雨凡，與代表民進黨投入該區立委選戰的現任台北市議員許淑華，共同召開記者會，宣布完成協調整合，由陳雨凡退出選戰。

信義南松山區自此呈現三腳督局面，由國民黨的費鴻泰、民進黨的許淑華、台灣民眾黨的蔡宜芳進行競爭。

四連霸該區立委的費鴻泰，對上連任四屆市議員的許淑華，加上兩黨中央都高度重視，兩人之間的競爭確實最為激烈。

尤其該選區長年被國民黨以外的其他政黨，視為艱困選區。在第七及第八屆立委選舉中，費鴻泰都得到六成以上的得票率；第九屆立委選舉即使加入綠黨的呂欣潔、無黨籍的楊實秋，費鴻泰仍得到超過四成的得票率。

不過本次民進黨徵召中生代的許淑華加入戰局，有可能會翻轉台北市第七選區的選情嗎？

### 不會辜負松信選民，反而提升規格

許淑華在確定投入2020年立委選戰後，受到了不少外界的質疑，有人認為她剛選完市議員就要來選立委，這樣就是對不起信義南松山區的選民！

但事實上，許淑華投入立委選戰的選區仍在信義南松山區，她不僅沒有離開，甚至還提升規格。

許淑華強調：「參選立委，讓我能為地方選民做更多事情！」因為13年來擔任台北市議員的生涯中，感受最深的，就是在地方推行很多政策與法案時，常常礙於中央母法被卡住，進而使許多地方建設無法順利進行。

「這些都是立法委員該負的責任！與其我在

許淑華

民主進步黨提名

1973 年出生，基隆市暖暖區人

世新大學傳播研究所碩士、國立台北教育大學人文藝術文化創意產業經營學系 EMBA 研究所碩士、國立台北藝術大學文化資產與藝術創新學院博士候選人

第 10～12 屆台北市議員、台北市議會黨團總召

台北市第七選區
信義、南松山區

## 臉書聲量分析

| 建立日期 | 按讚人數 | 追蹤人數 |
|---|---|---|
| 2010.4.8 | 38,123 | 38,443 |

**2019 年最受歡迎貼文：**

### 許淑華強調政府應協助平台業者，為美食外送員打造更有保障的工作環境

**4490** 人按讚 ｜ **273** 則留言 ｜ **186** 次分享

**2019 年最受歡迎直播／影片：**

### 許淑華化身魔鬼教練，帶著政治新人吳怡農到菜市場掃街拜票

**5454** 人按讚 ｜ **107** 次分享 ｜ **6.1 萬** 次觀看

截至 2019 年 11 月 1 日

地方一直努力做，但礙於中央母法沒改變，導致我只能做半套，那不如我直接站出來做全套，到中央去依照我所了解的地方需求為民發聲，甚至把法案推動起來。」在地方心有餘而力不足的感受，成為許淑華下定決心參選立委的契機之一。

### 抓住年輕選民的心，是打贏選戰的關鍵

台北市第七選區的範圍包括台北市信義區全區，及松山區南部。而當地的人口年齡結構，以 60 到 69 歲的人口比例最高，佔了 23.1%；其次為 30 到 39 歲的人口，佔了 17.6%；40 到 49 歲及 50 到 59 歲的人口比例，則皆為 16.6%，可見該區人口以中老年人居多。

以民調結果來看，費鴻泰的支持族群平均年齡層落在 50 歲以上；而許淑華的支持族群則多為 50 歲以下。所以對於許淑華來說，抓住年輕選民的心，勢必成為打贏選戰的關鍵之一！

想抓住年輕選民的心，網路空軍操作尤為重要，也因此有了「松信導遊」系列影片的出現。許淑華在官方 YouTube 頻道，一個月會推出一支介紹信義、南松山區的在地餐廳，她在影片中不光只是介紹美食，還會親自參與食物的製作及送餐等過程。

像是 2019 年 5 月 19 日推出的「松信導遊」第四集，介紹冠軍牛肉麵的內容大受歡迎，不僅 YouTube 觀看次數接近 1.2 萬，在臉書粉絲專頁上，也有 487 個讚、80 個留言及 17 次分享（截至 2019 年 11 月 1 日）。

長期關注動保議題的許淑華，在「松信導遊」

### 前三屆參選人得票率分析

資料來源：中選會

| 屆次 | 姓名 | 政黨 | 得票數 | 得票率 |
|---|---|---|---|---|
| 第 7 屆 | 費鴻泰 | 中國國民黨提名 | 95,145 | 65.79% |
| | 田欣 | 民主進步黨提名 | 46,059 | 31.85% |
| 第 8 屆 | 潘翰聲 | 綠黨提名 | 43,449 | 24.00% |
| | 費鴻泰 | 中國國民黨提名 | 114,009 | 62.97% |
| 第 9 屆 | 費鴻泰 | 中國國民黨提名 | 74,455 | 45.05% |
| | 楊實秋 | 無黨籍 | 69,882 | 42.28% |

才能在選舉時，得到高轉化率！

能穩紮穩打建立起選民的信任，

臉書粉絲數多並不代表什麼，

許淑華參加九九重陽節敬老活動，與選民親切互動。

第六集介紹寵物友善餐廳，該影片在 YouTube 觀看次數超過 1.2 萬，臉書粉絲專頁更是有 3456 個讚、259 則留言、48 次分享（截至 2019 年 11 月 1 日），可說是迴響熱烈。

其實這些餐廳幾乎都是年輕人創業，或是二代承繼父業。許淑華認為，自己身為地方民代，有義務要幫助在地年輕人好好宣傳，更是讓外縣市的人知道，好吃、好玩的地方。

而在拍影片的過程中，許淑華也會告訴這些創業青年，現在的政策能怎樣幫助到他們。「其實很多年輕人都不知道，政府有許多幫助創業者的計畫。所以我希望能用我的身份及能力，

給予他們最大的幫助，相對來說，這也是讓在地年輕人支持我的關鍵。」許淑華說。

### 讓更多在地文化、創意被看見

大家看多了電視上、質詢台上的許淑華，都是比較強硬的形象。許淑華希望，能透過「松信導遊」系列，以及其他軟性影片，讓大家看到她更多私底下的真實樣貌。

另外，許淑華也會找許多立委參選人、議員連線合體，設計跟民眾直接親近的活動，像是 2019 年 10 月 3 日公開的一支影片，是由許淑

華擔任魔鬼教練，帶著台北市第三選區（中山、北松山區）的立委參選人吳怡農，一起到菜市場進行他的拜票初體驗，該影片截至 2019 年 11 月 1 日，觀看次數達 6.1 萬次、5454 個讚、107 次分享，可見美女議員與特戰男神合體的威力有多大。

## 臉書粉絲專頁 3.8 萬的粉絲中，有 7 成來自信義、南松山區

對於區域立委而言，能否將網路按讚人次轉化為實際選票，絕對是最現實也最重要的一件事。

截至 2019 年 11 月 1 日，許淑華在臉書粉絲專頁中，共有 3.8 萬的按讚人次，或許跟全台許多立委相比，這個數字並不算多。但是，在這 3.8 萬人當中，有 7 成都是來自信義、南松山區的選民，也就是許淑華的選區。

能夠如此精準吸引到高比例在地選民按讚，可說是 13 年來在地耕耘的結果，「臉書粉絲數多並不代表什麼，能穩紮穩打建立選民信任，才能在選舉時得到高轉化率！」許淑華表示。

有著 13 年紮實的地方服務經驗，加上經營有成的網路空軍操作，許淑華期待，自己在 2020 年立委選舉中，可以成功前進國會，以更高規格的服務，為信義南松山選民做更多事。

何渝婷／文

# 林奕華

## 必須陸空兩樓作戰，理念軟硬兼施！
## 要得到天龍國選民支持，
## 連任四屆議員後，選民服務十年不中斷

進入國會，為家鄉貢獻，
為中華民國的未來努力！

林奕華

「過去十年，雖然我沒有擔任區域立委，但還是一直在大安區推動選民服務！」台北市第六選區（大安區）立法委員參選人林奕華語氣加重了幾分說。

大安區向來被視為國民黨優勢選區，基本盤藍大於綠。2016 年立委選舉，即便大環境對藍營不利，使得國民黨現任立委蔣乃辛得票數從 2012 年的 10 萬多票，掉到 7 萬多票，蔣乃辛仍以 46.09% 得票率當選，勝過民進黨禮讓的社民黨前主席、台大社會學系副教授范雲。

而 2020 年選舉，蔣乃辛宣布不爭取連任，消息一出，國民黨群雄並起，呈現參選爆炸狀態，現任不分區立委林奕華、外交官出身的介文汲、台北市議員王欣儀，皆積極爭取，最終由林奕華以 43.975% 的支持率勝出，代表出征 2020 年大安區立委選舉。

在范雲接受民進黨邀約擔任不分區立委後，林奕華即將面對的競爭對手，是民進黨徵召的哈佛雙碩士謝佩芬。

縱然外界普遍看好藍軍在大安區選情，林奕華不敢掉以輕心，她認為，大安區的民眾以理性選民居多，絕對不是所謂的國民黨基本盤，因此參選人若要獲得支持，除了要表現問政能力外，更需要長期經營、勤跑基層，並提出對大安區發展的看法與主張，「大安區選民比較能接受論理型的候選人，他們看的會是你的專業與問政能力！」

擁有台大政治系法學士、美國賓州匹茲堡大學公共行政碩士的林奕華，出身教育世家。長期關心教育議題的她，對於教育發展方向相當清楚，過去她也曾任台北市政府教育局局長、新北市政府教育局局長，是國內唯一擔任過雙北教育局的局長。

已連任四屆台北市議員的她，甚至還曾在

## 林奕華

### 中國國民黨提名

1968 年出生，彰化縣人

美國賓州匹茲堡大學公共行政碩士，國立台灣大學政治系法學士，師大附中

新北市政府教育局局長，新北市政府顧問，台北市政府教育局局長，台北市議會議員，行政院大陸委員會副研究員

台北市第六選區
大安區

**f 臉書聲量分析**

| 建立日期 | 按讚人數 | 追蹤人數 |
|---|---|---|
| 2009.12.1 | 16,293 | 16,482 |

**2019 年最受歡迎貼文：**

**林奕華會同多位立委、教育部等，召開冷氣設備暨電力契約容量制定座談會**

4042 人按讚 | 184 則留言 | 41 次分享

**2019 年最受歡迎直播／影片：**

**林奕華與蔣萬安共同開直播，暢聊勞工議題與五一勞動節**

1415 人按讚 | 36 次分享 | 4.5 萬次觀看

截至 2019 年 11 月 1 日

---

2010 年競選連任時，奪得台北市第一高票，並曾被評為台北市議員評鑑第一名。

1998 年開始投身政治，從議員、雙北市教育局長、不分區立法委員，再到區域立委，林奕華說，如今回到自己從小長大的大安區，為家鄉的未來發展奮戰，她覺得很期待。她也盼望能藉由過去在教育界的經歷，向中央提供最有效的建言。

即便歷練豐富且完整，對於人生的下一個新階段以及新挑戰，林奕華欣然接受，也滿心期待，她微笑說道，「千萬不要因為年齡增長就缺乏勇氣，人生本就可以追求不同挑戰！」

### 從議員、教育局長，到立法委員

回首來時路，林奕華說，是過去 20 多年間的從政、問政經驗，及對於民意的體察及歷練，給了她足夠的養分與專業能力，讓她能在議會質詢、政府運作方面更快上手，也更能及時反應現況，「立院雖然步調很快，但真的是一個能讓專長得以發揮的地方！」

為求無愧於心，林奕華在遞補不分區立委後，運用教育專業用心問政，甚至在各家都力拼衝刺國民黨內初選的最後階段，她還堅持在立法院馬拉松式逐條審議，為《教師法》把關。她說，因為希望台灣的教育要更好，所以她不僅珍惜基層教師，也努力在教師、家長、中央政府之間做折衝。

因為對台灣的教育有深刻的想望，所以也有

**前三屆參選人得票率分析**　　　資料來源：中選會

| 屆 | 姓名 | 政黨 | 得票數 | 得票率 |
|---|---|---|---|---|
| 第 7 屆 | 李慶安 | 中國國民黨提名 | 99,294 | 66.80% |
| | 羅文嘉 | 民主進步黨提名 | 48,240 | 32.45% |
| 第 7 屆缺額補選 | 周柏雅 | 民主進步黨提名 | 36,465 | 38.72% |
| | 蔣乃辛 | 中國國民黨提名 | 46,065 | 48.91% |
| 第 8 屆 | 趙士強 | 民主進步黨提名 | 54,113 | 29.94% |
| | 蔣乃辛 | 中國國民黨提名 | 108,488 | 60.02% |
| 第 9 屆 | 范雲 | 綠黨社會民主黨聯盟提名 | 56,766 | 35.35% |
| | 蔣乃辛 | 中國國民黨提名 | 74,015 | 46.09% |

了底氣，林奕華一直在規劃的道路上，篤定前行。而如今，她更是那樣迫切的，希望能回到原來熟悉的大安區，為重視教育、希望生活有所改變的選民服務，並獲得民眾支持。

林奕華觀察到，大安區有個特色，當地居民似乎特別注重教育議題，而教育問題牽連甚廣，因此也會更需要專精教育領域的立法委員，進入國會並發揮專責。

然而作為立委參選人，除了有願景、提出政策之外，更重要的，便是要能說服選民。但在有「天龍國裡的天龍區」之稱的大安區，該怎麼接觸到平常居住在公寓大廈裡的群眾？

林奕華說，網路時代，選舉方式也早已發生改變，要贏得選戰，只偏重陸戰或是空戰，都是不可行的，況且大安區自主選民比例高，並不會被旁人輕易影響，「這時候自媒體、新興媒體的操作，就會非常重要！」

## 將陸軍結合空軍

在大安區打選戰，單單只靠空軍或陸軍的力量，都顯得過於單薄。

對於曾經連任四屆議員，且深耕大安區多年的林奕華來說，就像是房子會需要把地基打好，勤走基層、和鄉民面對面接觸的陸戰部分，必不可少。但大安區人口總數達 30 萬人，且人口老化嚴重，要面對面實際接觸到足夠選民談何容易，若只注重傳統陸戰，一定不可能取得大多數選民支持。

「但如果對方在虛擬世界見過你，那麼我們實體的會面，就會產生很大的意義！」林奕華說，假設今天在見面前，選民和自己因為對某些議題的看法，而在網路上有過機會接觸、討論，那麼她在選民心中的印象，就不會只是冷冰冰的政治人物，而是能有機會更為立體。這

也是為什麼，她希望將教育議題結合陸軍力量，讓兩者發揮加乘影響力。

打開林奕華的臉書粉絲專頁，會發現每篇貼文中的文字都不算少，但不少針對政策新知、問政內容和選民服務的貼文，都會搭配生動活潑的標語、P 圖，或是製成懶人包，以方便讀者閱讀，而這些相對年輕化的貼文，也總能吸引到群眾目光。除此之外，林奕華也時常發揮教育專業，在臉書貼文中，對於教育改革、適性發展、設備爭取等，多所著墨。

而林奕華的臉書粉絲專頁中，又以直播、影片的比例最高，其內容更是「軟硬兼施」，除了有精闢、紮實的問政之外，也有貼近民眾與大安區選民的軟性影片。

她既是能夠說說笑笑，與扮演「運將阿倫」的前新北市長朱立倫，一同遊大安區，或是和議員林金結、立委林郁方一起在南雅夜市闖關，也能夠帶著民眾前進立法院，讓大家認識立法院，並一窺立法委員的日常。

「立法委員的質詢內容，常常不會是媒體有興趣的議題，但事實上，我們在立法院裡修的每一條法、做的每一件苦工，都是很重要的日常！」

目前林奕華的臉書粉絲專頁有 1.7 萬人按讚（截至 2019 年 11 月 1 日），每則貼文都可吸引上百、上千人按讚，透過一天一則貼文，林奕華持續在放大在社群媒體上的影響力。

林奕華說，直播、影片相對較為輕鬆自在，能讓民意代表跳脫在立法院質詢嚴肅的一面，讓民眾看到不一樣的自己；透過直播，也可以讓大家了解立委除了質詢外，立法院實際的運作。

更重要的是，身為立委需要發揮職能，在立院問政，於此同時，可能就無法親自參與一些地方行程，透過直播的方式，選民也更能理解，

林奕華參與親子街道同樂會，與大安選區民眾親切互動。

朱立倫親自開車買蛋糕，突襲林奕華的辦公室，為林奕華慶生。

就會產生很大的意義！
那麼我們實體的會面，
如果對方在虛擬世界見過你，

她沒有參加活動並不是在偷懶，而是真正是在立法院為地方議題發聲，讓政策得以順利執行。

## 大安區的選民是會看文宣的！

除了臉書粉絲專頁，林奕華也同時經營了LINE@、Instagram 和 YouTube，希望開拓各種接觸選民的管道。

即便重視網路經營，她也並不譁眾取寵，而是希望是藉由穩紮穩打的方式，透過對選民的服務以及問政能力，來建立起支持度，並真正接上地氣，提出對於教育改革的基本方針，以及對於大安區未來發展的分析及建議。

「大安區的選民是會看文宣的！這代表選民在乎的是你的政見，當然這也代表參選人在拜票時，隨時都會要接受選民的考試。」林奕華燦爛一笑，說道，她希望透過這些文宣來傳遞溫度，讓大家看到自己對大安區的情感，以及理解她究竟是為何，義無反顧地再回來這片土地選舉。

即便許多人會告訴她，現在寫一堆字的文宣沒有人要看，但林奕華堅信，還是有人是會認認真真，透過網路或紙本，藉由文字深度來了解候選人的理念的。

林奕華也期待，在未來的選戰中，能繼續用當年逐條審查法案的精神，實實在在的彎下腰，將一顆顆真心播種，待時間發芽，終能贏得選民支持，並為台灣教育提供更多庇蔭。

張詠晴／文

# 謝佩芬

## 該如何成功前進國會呢？
## 一路只拿滿分的哈佛女孩，
## 每天只睡四小時拼選戰！

翻轉大安

帶領台灣走向世界

謝佩芬

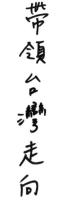

「我每天都只睡四小時，從一早開始拜票、掃菜市場、站街口，接著上節目、開直播、拍影片，晚上再與幕僚開工作會議，儘管如此，我還是覺得時間不夠用！」2019 年 9 月 4 日，民進黨中執會徵召謝佩芬參選台北市第六選區（大安區）立委，忙碌的參選行程，使謝佩芬在短短一個月內，就瘦了超過 5 公斤。

民進黨中執會在 2019 年 9 月 4 日，宣布的立委艱困選區提名名單中，明顯可以看出年輕化趨勢，包括謝佩芬、台北市第三選區的吳怡農、新竹縣第二選區的鄭朝方、台中市第五選區的莊競程、連江縣的李問，皆為年紀不到 40 歲的新生代參選人。

並非出身任何政治世家，父母也早已是退休人士的謝佩芬，被外界稱作美女學霸、一百分女孩。民進黨秘書長羅文嘉在介紹謝佩芬時也提到，她在所有的考試升學之路上，幾乎都是「滿分」。因為她的學經歷可說是人生勝利組，從北一女到台大法律系、政治系雙主修，從國內外的律師特考到哈佛法學院，畢業後則先後擔任吐瓦魯駐聯合國外交官、國安會政策幕僚。

謝佩芬在民進黨立委徵召提名記者會的發言，令人印象深刻，她強調，在聯合國工作期間，發現任何國家都可以平起平坐共商世界大事，唯獨看不到她的故鄉 - 台灣，這也是她下定決心要參選立委的關鍵原因。

而這段在記者會上慷慨激昂的發言，在 2019 年 9 月 6 日被剪輯為 4 分鐘影片，並放在謝佩芬的臉書粉絲專頁上。沒想到在一個月內，就創下 17 萬的觀看次數、近 5000 按讚數、760 次分享，可見大家對於這位政治新人的關注度有多高。

謝佩芬

**民主進步黨提名**

1987 年出生，台北市文山區人

國立台灣大學法律系法學組、國立台灣大學政治學系政治理論組、哈佛大學法學院、甘迺迪政府學院

吐瓦魯常駐聯合國代表團二等秘書、國家安全會議政策研究人員、新境界智庫法政小組諮詢委員、台灣網路資訊中心國際事務委員會委員

台北市第六選區
大安區

## 年輕、願意挺身而出是最大優勢！

在 2019 年 11 月 14 日，范雲正式被列入民進黨不分區立委安全名單之後，謝佩芬將面對的競爭對手，是深耕在大安區、文山區多年，已擔任過四屆台北市議員的國民黨林奕華。政治經歷、地方經營相對較弱的謝佩芬，該如何在有限的時間裡，贏得選民的心，實屬不易。

「我的政治經歷、地方經營確實還無法跟資深的前輩比，其實從投入選戰以來，還沒有任何一件事情是我覺得簡單的。」謝佩芬坦言，但年輕、挺身而出是她最大的優勢。

謝佩芬在與選民互動的過程中，時常聽到一個聲音：「這個選區該換年輕人做看看了！」雖然大安區的選民以中高齡居多，但在她接觸到的人裡面，有一半以上都是支持立委年輕化這件事。

另外，雖然大安區向來被民進黨視為艱難選區，但其實一直有地方的聲音，希望綠營能提出自己的候選人。「像我、李問、吳怡農都有

各自專精的領域，可以去做其他事，不見得要出來選立委，但我們選擇在台灣的關鍵時刻挺身而出，就是希望能為自己的故鄉，做出一些貢獻與改變。」謝佩芬說。

而外界對於這批年輕的「空降刺客」也有不少耳語，認為他們與地緣的連結性並不深。但大家不知道的是，其實謝佩芬從小的生活圈就在文山區及大安區，除了家裡世居文山區、外婆家在大安區，求學過程也幾乎都在大安區，所以她從不認為自己是空降，也不覺得這會成為她選舉的劣勢。

### 前三屆參選人得票率分析

資料來源：中選會

| 屆次 | 姓名 | 政黨 | 得票數 | 得票率 |
| --- | --- | --- | --- | --- |
| 第 7 屆 | 李慶安 | 中國國民黨提名 | 99,294 | 66.80% |
| | 羅文嘉 | 民主進步黨提名 | 48,240 | 32.45% |
| 第 7 屆 缺額補選 | 周柏雅 | 民主進步黨提名 | 36,465 | 38.72% |
| | 蔣乃辛 | 中國國民黨提名 | 46,065 | 48.91% |
| 第 8 屆 | 趙士強 | 民主進步黨提名 | 54,113 | 29.94% |
| | 蔣乃辛 | 中國國民黨提名 | 108,488 | 60.02% |
| 第 9 屆 | 范雲 | 綠黨社會民主黨聯盟提名 | 56,766 | 35.35% |
| | 蔣乃辛 | 中國國民黨提名 | 74,015 | 46.09% |

幫助台灣新創企業做得更好、更具競爭力。除了要為選民服務外，也應該站在立法的角度，立委屬於中央層級，

## 利用美食介紹＋參訪新創企業，精準抓住大安區選民

對於地方選民而言，謝佩芬還算是比較陌生的面孔，所以她投入選戰的首要任務，就是先讓大家認識她。

在勤跑基層一段時間後，謝佩芬才開始加強她較弱的網路空軍操作。「其實跑選戰以來，讓我覺得最心累的就是人才難尋⋯⋯」因為謝佩芬決定參選的時間較短，幾乎沒有籌備期，甚至團隊的組建也是到 10 月才陸續到位，一直找不到擅長網路操作的小編，也是她在選戰中

的苦惱之一。

截至 2019 年 11 月 1 日，謝佩芬的臉書粉絲專頁共有近 1.2 萬的粉絲數，每篇貼文平均會有 6 千的觸及率、5 百到 1 千的按讚量。為了提高粉絲數並且精準抓住大安區的選民，除了在地深耕多年的台北市議員簡舒培、阮昭雄、王閔生，透過多年來蒐集的電話名單，幫忙發送支持簡訊之外，謝佩芬還規劃了兩種不同系列的影片，一個是以「吃貨一百芬」的身份，介紹大安區在地的美食；另一個則是以參訪新創公司為主題，了解他們的產品內容、經營模式及需求。

謝佩芬在 2019 年 10 月 13 日，與民進黨主席

做出一些貢獻與改變。
就是希望能為自己的故鄉，
但我選擇在台灣的關鍵時刻挺身而出，
我不見得要出來選立委，

謝佩芬與總統蔡英文一同參與 2019 台北客家義民嘉年華。

卓榮泰，及市議員簡舒培、阮昭雄、王閔生，一起到永康街介紹在地名店，品嚐各種美食，並開設直播與粉絲互動。該影片截至 2019 年 11 月 1 日，獲得了近 5000 的觀看次數、超過 600 個讚，及 35 次分享。

對於參訪新創公司的影片計畫，有幕僚擔心在大安區的許多新創業者，戶籍不一定在這裡，對於打選戰而言，最現實的就是沒有轉化率，無法轉為選票。但謝佩芬仍堅持要做這件事，因為她認為，立委屬於中央層級，除了要為選民服務外，也應該站在立法的角度，幫助台灣新創企業做得更好、更具競爭力。

況且，新創公司在臉書粉絲專頁的影響力，或許也能幫助到謝佩芬的知名度及好感度，進而得到更多支持。

另外，在臉書粉絲專頁的貼文方向，謝佩芬選擇運用外交所長，分享國際新聞及自身觀點，像是 2019 年 10 月，國際上有許多與台灣相關的重大進展，包括荷蘭通過支持台灣加入國際組織；德國正在連署與台灣建交；荷蘭眾議院表決通過，支持台灣參與國際組織；布拉格市長拒絕接受《一中條款》，並與北京斷絕姐妹市等。

國際新聞在台灣有時候不那麼受到重視，往往是因為大家覺得外交離自己很遠，甚至是有看沒有懂。所以謝佩芬會以小老師的身份，在臉書粉絲專頁上，用深入淺出的文字搭配圖片，進行簡單的闡述及分析，讓大家不那麼霧裡看花，也幫助更多人對外交事件更有感。

謝佩芬期待，在這場 2020 年立委選舉中，「一百分女孩」能發揮一百分的努力，贏得選民的支持，順利進入國會為民發聲。

何渝婷／文

# 蔡宜芳

## 憑什麼空降挑戰台北最艱困選區？
## 28歲的下港女孩，
## 柯文哲全力拉拔輔選！

立委選戰倒數一百天的夜晚，台灣民眾黨在台北市第七選區的提名人蔡宜芳，與鴻海創辦人郭台銘，台灣民眾黨主席柯文哲，一同拍攝選舉定裝照。

蔡宜芳在臉書粉絲專頁分享照片後，24小時內獲得了近2000讚、95則留言、29次分享，可見郭台銘與柯文哲合體，創造的高關注度。

28歲參選立委，但蔡宜芳已不是政治素人，這是她人生的第二場選舉。

2018年，蔡宜芳以無黨籍身份，參選高雄市議員（鼓山區、鹽埕區、旗津區）。她的選擇，讓家裡差點鬧了革命，因為就連擔任鹽埕區中原里里長的爸爸，也極力反對。

「我永遠記得那天，我爸哭著問我，如果你選上了你會不會變？我說我不知道，因為沒有人知道明天會發生什麼事，但我可以答應你，如果我變了，就不會再繼續做這份工作了。」蔡宜芳紅著眼眶回憶說。

蔡宜芳當時以「嫁給高雄、高雄我願意」為競選口號，穿著一身白色婚紗登上選舉看板。

同年10月10日，蔡宜芳在國慶日當天，僅穿著一件國旗裝，並拿著「台灣國」手舉牌，慶祝國家生日快樂，再度成為網路及媒體的關注焦點。

先是婚紗，接著是國旗裝，蔡宜芳從沒想過這些事會引起這麼大的討論度，不管是正面或反面的批評，似乎比較少人真正關心，她做這些事情背後的用意是什麼？

最初的想法源自於，蔡宜芳認為，高雄市政府之於市議員，就像是爸爸之於媽媽。在一個家庭中，媽媽總是付出全部的愛，並且為一個家犧牲奉獻，這是她對市議員這個職位的詮釋，所以才決定為自己的家鄉披上婚紗。

穿著國旗的想法其實也很單純，蔡宜芳想表

蔡宜芳

**台灣民眾黨提名**

1990 年出生，高雄市鹽埕區人

國立高雄師範大學光電與通訊碩士、國立清
華大學材料工程博士班

台北市政府社會局機要秘書

台北市第七選區
信義、南松山

達的是，不管這片土地到底叫中華民國還是台
灣，她都深愛這個地方。

但網友和部分媒體當然不會想關心她真正想
表達的含義，蔡宜芳也因此受到不少揶揄及批
評。

後來蔡宜芳在網上看到一句話：「如果我露
了我的胸部，這世界會更和平，那我願意。」

這讓蔡宜芳終於得到了釋懷，也更堅定知道，
自己在追求的不是這副皮囊到底代表什麼，而
是要怎麼把自己腦袋裡的東西帶給別人。

## 到台北找尋回饋家鄉的方法

在 2018 年高雄市議員的選舉中，蔡宜芳一直
在思考，人民最需要的是什麼？人民最在意什
麼？怎麼做才能幫助到他們？而她心中漸漸找
到了答案。

「台北市是一個非常精實的工作環境，不僅
資源多，能量也最大。很多政策都是台北先行，

得到成效後再讓其他地方執行！」蔡宜芳解釋
說，她想先了解台北的運作模式，進而找到可
以回饋高雄的方法。

所以這位擁有清華大學材料工程博士班學歷
的美女學霸，主動向台北市長信箱投遞履歷，
並順利進入台北市政府社會局擔任機要秘書。

在社會局工作的過程中，蔡宜芳利用理工專
業，把許多作業系統數據化、簡單化，甚至還
辦了黑客松，讓公部門與私部門協力合作，使
政府的政策可以運行得更順利。

**前三屆參選人得票率分析**　資料來源：中選會

| | | | | |
|---|---|---|---|---|
| 第 7 屆 | 費鴻泰 | 中國國民黨提名 | 95,145 | 65.79% |
| | 田欣 | 民主進步黨提名 | 46,059 | 31.85% |
| 第 8 屆 | 潘翰聲 | 綠黨提名 | 43,449 | 24.00% |
| | 費鴻泰 | 中國國民黨提名 | 114,009 | 62.97% |
| 第 9 屆 | 費鴻泰 | 中國國民黨提名 | 74,455 | 45.05% |
| | 楊實秋 | 無黨籍 | 69,882 | 42.28% |

國家利益要大於黨的利益，黨的利益要大於個人利益。

蔡宜芳裝扮成魔女宅急便，與年長選民親切互動交流。

## 主動直搗最艱困選區

在主動爭取了社會局的工作後，蔡宜芳又做出驚人之舉，就是再次主動向柯文哲提出，自己要競選信義南松山區立委的想法。不僅黨員驚訝，連柯文哲都被嚇到，因為以選票局勢來看，信義南松山可說是台灣民眾黨最艱難的選區，包括柯文哲在 2014、2018 年的選舉中，拿到的票也相對較少。

柯文哲當時對她說：「妳真的很勇敢，這比我當初從台大醫院走出來的那一刻還勇敢！因為當時我已經沒有退路了，但你其實是有選擇的，台灣這麼多選區讓你選，你卻偏偏選了一條最艱難、最崎嶇的路。」

但蔡宜芳卻很樂觀，她告訴柯文哲：「我們這邊弱，就應該從這邊打起來啊！就是因為它最艱困，才最有希望。」

因此曾被外傳會被列在不分區立委名單的蔡宜芳，主動跳出來聲明，自己想當那個為黨出去開疆闢土的區域立委，而不分區應留給在專業領域人才來擔任。

## 一人選戰，無畏無懼

「國家利益要大於黨的利益，黨的利益要大於個人利益。」這是蔡宜芳的人生信條，現在台灣民眾黨在成立初期，沒有什麼資源可以給大家，選戰當然也打得相對辛苦。但她認為，每個人都應該要想辦法讓這個「小公司」變得更好、更大，而不是一直挖裡面的資源，不然這間公司永遠長不大。

所以這位選民們口中的小女生，開啟了「一人選戰」的歷程！沒有助理、幕僚、司機，所有事情都靠著自己親力親為。

我們問蔡宜芳，一個港都來的小女生，孤單站在繁華信義區街頭拜票，辛苦嗎？

青春無限
幸福實現
青年參政
世代傳承

蔡宜芳

她微笑著舉了一個例子說：柯文哲在 2019 年 9 月強調，台灣要建立一個，就算邦交國全斷光，還是能「好好活著」的機制。

阿伯的理論用在立委選戰上，蔡宜芳認為，即使身邊沒有任何奧援，她也可以一個人走到底。

蔡宜芳相當認同奧黛麗赫本講過的：「世界上沒有不可能的事，因為不可能之中就有可能兩個字（Nothing is impossible, the word itself says I'm possible!）」

她認為，「可能」這件事情是由自己去創造的，柯文哲在 2014 年台北市長選舉也是「零元選戰」，雖然步履維艱但也成功勝選，所以蔡宜芳相信，她也可以！

為了更堅定自己的信念，蔡宜芳還做了一件 28 年的人生中，從沒做過的決定，就是把頭髮剪短了。

因為母親從小就喜歡蔡宜芳留長頭髮，甚至把她送進完全沒有髮禁的道明中學就讀。

實際上，蔡宜芳一直都很嚮往短髮的輕鬆、自由、自在，只是礙於媽媽的偏好，而一直沒有實現。

這次，她直接一刀將飄逸長髮剪到了脖子的長度，並告訴媽媽：「我沒有變，我一直是屬於妳的那個留長髮的小女孩，永遠都是。」而媽媽最終也願意接受蔡宜芳的改變。

反而應該是一件很時尚的事情！
變老不是一個凋零的過程，
我希望信義南松山的居民都可以活得更幸福，

## 最大優勢：年輕、主動、社會局出身

　　講到很現實的問題，選區域立委最重要的一件事，就是候選人接不接地氣、跟在地有沒有連結性。一個鹽埕區長大的孩子，跑到信義南松山選立委，難免讓人高度質疑她。

　　況且蔡宜芳的對手，分別是四連霸該區立委的費鴻泰，以及四連霸該區議員的許淑華，兩人都相當資深，長年在地耕耘。

　　「其實我的對手也沒有人是在地小孩呀！況且，如果他們做得很好，今天也不需要我出來參選。我認為我的優勢在於年輕、社會局出身，並且是自己主動爭取這個選區的。」蔡宜芳認為，目前信義南松山的選民結構是老化的，所以長照、幼托都相當重要。

　　蔡宜芳曾在社會局深入鑽研過長照及幼托議題，這也幫助到她確立本次選舉的核心理念，就是「青春無限，幸福實現」。

　　「我希望信義南松山的居民，都可以活得更幸福，變老不是一個凋零的過程，反而應該是

蔡宜芳與鴻海創辦人郭台銘（左一）、柯文哲（右一）拍攝定裝照。

一件很時尚的事情！」蔡宜芳觀察到，台北這個城市不缺什麼，但缺幸福，所以如何提升幸福感，成為了她的選舉主軸。

那該怎麼讓選戰打得更有效率呢？空戰的轉化率更高？陸戰能更接地氣呢？

## 網路連結成為關鍵

「陸戰跟空戰都要打，但在都會區的問題就是，你永遠只接觸得到 20% 的選民，因為 80% 的人每天朝九晚五都在上班，根本沒機會讓他們認識我，所以空戰對我來說就尤為重要！」蔡宜芳身為新一代參政青年，當然更懂得如何運用網路來連結選民。

臉書的出現，打破了所有地區的界線與隔閡，使全世界的連結變得更深。「今天我加了你的臉書，你認識的人裡面，可能就有三成認識信義南松山區的人，那透過你的擴散，就可能讓我被看見。」選民認識蔡宜芳變得更容易了，而設籍地不同的粉絲也可以藉由臉書，來幫她向信義南松山的選民拉票。

而在臉書粉絲專頁上發文的策略，蔡宜芳每天都會發《一個人的選戰日記》，訴說她的生活、對議題的想法、從政的理念，並倒數選戰來臨的日子。這對她來說是一種心情的寄託，也累積了很多粉絲像是追劇般，每天都要看她的生命紀錄。

除了選戰日記外，蔡宜芳也策劃不少直播、影片，但真能打動台北精華區的選民嗎？最終選票數字就是最真實的答案。　何渝婷／文

陳東豪

畢業後第一份工作就在《新新聞》擔任記者，之後轉戰《自由時報》、《蘋果日報》等媒體。寫新聞之餘，也「說」新聞，常上政壇節目。

" 手機就是人脈，就是動員，就是選票 "

2020 年的總統與立法委員大選，手機正在逐步改變台灣的政治版圖，誰掌握最多的手機，誰就掌握住選舉中的空軍與陸軍。

傳統決定選舉有三個因素，第一是候選人人格特質，第二是藍綠政治板塊，第三是政見與議題。三者之中，人格特質影響力最大，藍綠政治板塊則是基本結構，影響力次之，政見與議題通常影響力較差，但特殊議題則有較大能量，例如同婚與反同婚等。

台灣社會手機普及率近乎一手一機，越在都會區，手機的影響力越高，而且透過 LINE 群組、臉書等社群媒體，手機已經貫穿不同年齡層與族群。如果極端一點，甚至可以說，手機就是人脈，就是動員，就是選票，而且跨世代。

但是，手機不能改變本質。這場總統大選到目前為止，國民黨籍總統候選人韓國瑜在網路上的聲量是民進黨籍、現任總統蔡英文的兩倍。甚至可以說，這場總統大選到目前為止，總統擂台上只看得到韓國瑜。但是韓國瑜的聲量並沒有增加他的選票支持度，原因就在於韓國瑜雖然吸睛，卻無法改變本質。

韓國瑜是 2018 年縣市長大選的超級偶像，所有對民進黨的不滿都投射在韓國瑜身上。尤其是民進黨籍台北市議員王世堅 2016 年在台北市議會質詢當時台北農產運銷公司總經理韓國瑜的影片，在 YouTube 點越數破一千五百萬次，「禿子跟著月亮走」就出自這場質詢，而且韓國瑜也是最強的政治網紅。但是手機無法改變韓國瑜的本質問題，無法消除不同年齡層對韓國瑜擔任第一任高雄市長就要選總統的疑慮，因為這是挑戰一般人的基本認知，所以是本質問題。

## APP 如何成為選戰創新？

　　不過，韓國瑜確實是網路上最強的焦點，透過 LINE 群組、臉書等社群媒體，韓國瑜與韓粉的黏著度超乎其他政治人物。而且韓國瑜競選團隊是歷次總統大選中，第一個運用 APP 做為選戰工具的團隊，這是一種選戰創新。

　　先舉個和我自身有關的例子。因為日前上節目提到韓國瑜在擔任北農總經理，他有一天中午和北農員工在一家餐廳吃飯喝酒，忽然要打破酒瓶刺人，馬上被兩旁的北農員工抱住，當然也就沒有後續的事情發生。

　　當然韓國瑜隨後表示將提出告訴，但就選舉而言，提告是不夠的、被動的，這時候「一支穿雲箭」APP 的功能就上場了，大約有一千四百名韓粉在「一支穿雲箭」APP 的指導下，針對「陳東豪曝打破酒瓶刺人 韓國瑜：已提告」，按下 APP 中「去澄清」的小色塊，直接到三立新聞網留言。

　　「一支穿雲箭」APP 的「黑韓退散」還提供統一的留言素材，開始逐步管理韓粉的留言內容，避免韓粉不理性發言給韓國瑜添麻煩。

　　再舉一個例子，韓國瑜在桃園借廁所被「卡韓」，事實是什麼？已經不重要，重要的是有 4000 韓粉到三立新聞網留言，用另一個說法就是洗版，這是傳統電視或報紙新聞作戰做不到的。韓辦運用「一支穿雲箭」APP 建立與鋼鐵韓粉的聯繫，這不只是宣傳或澄清，也是拉票動員系統，到投票日當天就是催票與監票回報系統。

　　不管最後的勝敗如何，韓國瑜確實顛覆了台灣既有的選舉模式，創造出巨大的能量，而民進黨在 2018 年大敗後，也就拼命要跟上韓氏打法，最顯而易見的是，民進黨每一項政策都變成一張圖卡，而且以秒回方式在 LINE 群組、臉書等社群媒體大量散發，在訊息戰上，總統蔡英文與民進黨政府比去年進步很多。

　　但台灣目前還是 4G 時代，如果進入 5G 時代，手機能傳輸的影像將比現在更強大數倍，在眼見為憑的心理作用下，手機甚至可能決定你相信什麼，不相信什麼。對台灣地從政者而言，不能在手機世界裡生存的從政者，未來的政治前景將是暗淡的，而且這是不可逆的趨勢。

**專欄文章僅代表作者本人立場** ●◐○

KNOWING 專欄

黃清龍

資深媒體人

> **"唯一確定的是，不會再有完全執政了！"**

本文執筆時距離 2020 總統大選已不到 70 天，整個選情仍然極度撲朔迷離，過往觀選經驗根本派不上用場，不禁感嘆：這真的一次最難預測的選舉！

詭異的選情發展，其實在去年底的九合一就已發生過。選前試問誰能看出政壇邊緣人韓國瑜，竟能在高雄擊敗綠營紅人陳其邁？誰又能想到「韓流」會興旺到讓國民黨一舉囊括三分之二的縣市長席次？但同樣叫人跌破眼鏡的是，原本大有機會在隔年的大選中順勢取勝的國民黨，竟然在九合一選後不到一個月，勝利的氛圍就完全轉變了。

2019 年一月份習近平發表「習五點」，提出「一國兩制・台灣方案」，蔡英文趁勢強化「護主權」訴求，並把「一國兩制」與「九二共識」串連一起，讓國民黨頓失傳統兩岸牌優勢。接著四月間港府推出「逃犯條例」，引發軒然大波。從六月開始連續出現百萬人抗議遊行，至今情勢依舊混亂，所謂「香港今天等於台灣明天」，激發台灣社會極大迴響，讓蔡政府再度撿到槍。

這些都還是外部因素，不可控成份居多，不管得利或受害一方，尚可歸諸非戰之罪。兩黨選情逆轉的另一原因，竟然又和黨內提名後的情勢有關。2019 年三月間蔡英文突然面對賴清德的挑戰，一開始顯得手忙腳亂，但她很快穩住陣腳，並在六月的初選中脫穎而出。國民黨則直到 7 月 15 日才由韓國瑜勝出。

關鍵在於兩黨初選後的內部整合天差地別。民進黨賴清德儘管飽受不公對待，初選結果一出他和支持者就沈默接受，未見抗議或怨言。反觀國民黨，雖然完成黨內首次的總統初選「民主程序」，但落敗的郭台銘拒絕接受，甚至不惜退黨；而獲勝的韓國瑜顯然

難服眾望，黨內菁英包括所謂的知識藍、經濟藍，至今無法認同他選總統的仍大有人在。加上韓國瑜當市長不久即轉檯選總統，引發高雄市民不滿其違背誠信，他又不斷拋出只為搶眼球卻缺乏可行性的「政見」，招致草包的譏評；更不用說黨主席吳敦義「搶進」立法院的風波，以及同屬藍營的宋楚瑜一旁虎視眈眈，宣布五度參選，這些源自內部的紛擾，同樣成為韓國瑜民調長期落後的原因。

然而，即使再厲害的預言家，都不敢說 2020 總統選情已經底定。何以故？這是因為看待韓國瑜現象不能只從台灣的角度，還須從全球的趨勢進行比較。由於民主化、訊息化與科技化的普及，自 2015 年以來，反建制的民粹風潮席捲各個民主國家，英國脫歐、川普當選都是顯著的例子。2014 年柯文哲當選台北市長，是台灣走向民粹政治的開端，2018 年的「韓流現象」則是台灣民粹政治的巔峰，這股浪潮會不會在 2020 大選中持續延燒，正是眼前選情所以難以預測的癥結所在。

雖然總統選情難測，但可以確定的是，明年立委選舉將不會再有任何一黨掌握過半席次。也就是類似 2008 年和 2016 年，國、民兩黨在總統與立委選舉獲勝，並實現完全執政的情形，

2020 不會再出現了。

原因很簡單，用王金平的話來說，2016 年民進黨完全執政後，動輒藉國會優勢碾壓一切，嚴重傷害民主協商的的政治運作義理，加上民進黨各路人馬搶奪國家名器與資源，派系、諸侯各自佔地為王，種種政治分贓的醜態，激起民眾相對剝奪感的怨氣。因此蔡英文雖然民調領先，但民進黨的政黨支持度卻落後於國民黨。一般預測，台灣選民在這次選舉的分裂投票（Split-Ticket Voying）行為必將大幅增加。但不同於美國選民刻意以分裂投票造成行政與立法分立政府，台灣即將出現的分裂投票，則是選民對一黨獨大、完全執政的恐懼與反抗。

這樣的恐懼與反抗，同樣適用於國民黨身上。畢竟選民對馬英九執政時期國民黨的表現記憶猶新，即使讓韓國瑜當選也不樂見因為藍營完全執政，而在兩岸問題上過度傾斜。加上還有親民黨、民眾黨瓜分政黨選票，因此目前唯一可確定的是，不會再有任何一黨掌握國會多數了。2020 大選後的台灣政局，無論是蔡連任還是韓當選，立法院將不會再出現「整碗捧去」的局面，小黨的空間空前巨大，台灣政治的新局或將由此展開。

專欄文章僅代表作者本人立場 ⬤

# 呂孫綾

從被網路霸凌，到將網路作為利器！
她從低谷中學會「靜心等」，
也要用年輕世代的執著力拼連任

林口新創園於 2019 年 10 月 17 日舉行開幕式，行政院蘇貞昌院長在開幕致詞中提到，今天的林口新創園，只是一個起步，未來將會進一步進行其他基地的開發，他更強調，希望透過各項建設，讓人民感受到政府會做事。

而林口新創園的其中一個重要推手，是多次在總質詢、會勘中，向中央表達其對新創園之營運看法的立委呂孫綾。如今林口新創園順利落成，呂孫綾期望，未來該園區不僅能落實在地化、國際化，還要能成為年輕人才薈萃的地方，協助林口產業升級。

事實上，呂孫綾自當選立委以來，便勤跑基層，積極促成在地各項建設。在當選立委前，她是 22 歲即投入政壇的民進黨中央執行委員，而她現在的身份，是爭取連任的新北市第一選區立委參選人。

時間快轉到專訪那天，初見呂孫綾，她便笑盈盈地起身迎接，即便當天凌晨六點就開始拜票行程，她的臉上還是沒有一絲疲憊。

她聲音清亮，兩眼發光，一字一句地跟我們分享，從她初入政壇，到如今在新北市第一選區爭取連任的點滴。這期間她飽受質疑，可是這個做起事來雷厲風行，追求質感與效率，又來去如風的女子，選擇用雙腳告訴眾人，每天每天，她都在認真從學習中吸取經驗。

2016 年，年僅 27 歲的呂孫綾以甜美笑容、清新不做作的鄰家女孩形象，及初生之犢不畏虎之勢，獲得各界關注，除了在臉書粉絲專頁上，吸引了一票粉絲外，也在當時以 53.28% 的得票率，打敗前國民黨立委吳育昇，成為立法院第 9 屆最年輕的立委。當選之後，首先要面對的，是呂孫綾人生中第一場質詢，而這場質詢，也讓她吃足苦頭。

因為在立院質詢憲兵濫搜民宅事件時，要國

安局長楊國強負責國防部及憲兵指揮部的失誤，呂孫綾遭民眾質疑是找錯事主，更諷刺她是草包立委、讀稿機小姐。剎那間，網路上鋪天蓋地的惡意言論席捲而來，說她是靠父親呂子昌，才能進入黨中央，更有甚者，把原本呂「淡水蔡依林」的暱稱，改為「蔡依林她媽」。

「其實我媽媽那時候看到還蠻生氣的，」呂孫綾笑笑的說，「對我來說，說不受傷是騙人的，但我後來覺得，其實每個經歷，都是在為未來做更好的鋪設。」

面對動輒高舉正義大旗、喊打喊殺的網路世界，人人都會在螢幕前變得有些嗜血。這起事件除了為呂孫綾在社群網路上創造了知名度之外，也為她帶來了負面聲量。

對於這些幾近網路霸凌的評論，呂孫綾並不服輸，她也將這段路，看作是自己打仗必經的征途。學會靜心等，重塑了她看世界的方式，也成就了她後來的改變。甚至，她還將網路從別人霸凌她的媒介，轉化為打選戰的重要利器。

## 在等待中吸取經驗

「備受批評那陣子會有點動輒得咎，覺得自己做什麼都不對，後來我決定把自己歸零。」她說得輕鬆寫意，甚至有點輕描淡寫，但我們知道，要打破偏見重建認知的路何其辛苦，作為一言一行都被放大檢視的新科立委，在最低谷時的操練是什麼？

因為當時各界的批評，呂孫綾做了一個決定：用時間換取經驗。從今往後所有質詢，她都是從頭坐到尾，學語氣、學問政方法，總是要在聽完所有立委的質詢後，她才上台發言。

### 前三屆參選人得票率分析

資料來源：中選會

| | 姓名 | 黨籍 | 得票數 | 得票率 |
| --- | --- | --- | --- | --- |
| 第 7 屆 | 吳育昇 | 中國國民黨提名 | 82,949 | 58.38% |
| | 李顯榮 | 民主進步黨提名 | 56,594 | 39.83% |
| 第 8 屆 | 吳育昇 | 中國國民黨提名 | 107,821 | 50.77% |
| | 何博文 | 民主進步黨提名 | 90,125 | 42.44% |
| 第 9 屆 | 呂孫綾 | 民主進步黨提名 | 110,243 | 53.27% |
| | 吳育昇 | 中國國民黨提名 | 84,582 | 40.87% |

就會覺得這件事還是值得的！
知道妳為對的事情爭取，
一旦知道妳走在正確道路上，

守民主　護台灣

2020　一定要贏

新北第一　呂孫綾

　　而她也會將自己的問政內容，整理好貼到臉書粉絲專頁上，與選民分享她爭取在地建設、經費的最新進度。甚至在每一次的會勘中，透過側拍方式，讓民眾參與在地建設的第一現場，「我不希望用太多特效來做影片，雖然這會讓影片相對枯燥，但我希望讓大家知道建設現場的真實面貌，知道這是真實發生的事情。」

　　「其實被批評也不是全然沒有好處，你看我養成了全程聽大家問政這麼好的習慣，」說到這裡，呂孫綾不小心露出真性情，她豪邁地大笑，「再怎麼有經驗，你到一個新的職位、新的環境，一樣需要時間去適應，不是說新上任就可以上手。」

## 我希望為家鄉帶來改變！

　　目前呂孫綾的臉書粉絲專頁有 68,235 人按讚（截至 2019 年 11 月 1 日），每則貼文都可以

都是在為未來做更好的鋪設。

但我後來覺得，其實每個經歷，

說不受傷是騙人的，

呂孫綾揹五公斤的拜票氣球，勤走北海岸各個路口。

吸引上千人按讚、上百人留言。觀察到社群網路的影響力驚人，呂孫綾除了在平時認真問政外，也緊抓網路趨勢，甚至招攬了一群年輕智囊團，專門觀察 PTT、臉書以及 LINE 上的趨勢，為她提供最快速有效的建言。

呂孫綾說，社群網路不只能讓民眾知道妳真正做了什麼，還能在最快時間傳達妳最直接的想法。

像是無獨有偶，繼 2016 年的問政風波後，時代力量立委黃國昌在為辦公室主任賴嘉倫辦的接棒參選記者會上，突然點名和他不同選區的呂孫綾，只是有個「好爸爸」，但是並未善盡立委責任，並自己幫賴向呂下戰書，表示隨時「候教」。

呂孫綾也在當天，立即以一封手寫信作為回應，這篇貼文在短時間內獲得廣大迴響，甚至一躍成為 2019 年以來，其臉書粉絲專頁的最受歡迎貼文（截至 2019 年 11 月 1 日）。

談到這封 po 在臉書上的手寫信，呂孫綾微微皺眉，難得地加快了語速，連珠砲似的說：「你說我有好爸爸，難道你就沒有好爸爸嗎？你否定你爸爸就算了，你怎麼還會去否定你主任的爸爸？其實我是出於同理心在寫這封信的，因為我知道，如果今天我是賴主任，我心裡會難受，我爸爸心裡同樣會很難受！」

呂孫綾說，自擔任立委以來，她走遍選區每個地方，為在地選民爭取福利，如今淡江大橋主橋段已開工並預計在 2024 年完工，林口新青創園區也持續招商，關渡大橋正在進行 30 多年來首次耐震補強工程。

她說，雖然沒有擔任過議員職務，但過去父親做選民服務時的每一天，她都在旁學習，「加上我們在這選區長大，對於一草一木、一磚一瓦、每顆石頭，我都非常清楚，所以很清楚選民、選區要的是什麼，可以很直接地去處理每件事情。」

這個無比拼命的小女生，真心希望能為家鄉帶來一些改變。

呂孫綾與賴品妤共組「北海岸大連線」！兩位高顏值參選人，確實很有話題性。

## 競爭者眾多，這一仗該怎麼打？

2020 年選舉將近，新北市第一選區（石門、三芝、淡水、八里、林口、泰山）立法委員選戰，除了有現任的民進黨籍呂孫綾爭取連任外，包括國民黨洪孟楷、時代力量張衛航、無黨籍陳昭宏，以及退出國民黨的台北市議員鍾小平，展開 5 人大亂鬥。競爭者眾多，到底這一仗該怎麼打？

「這次選舉是場激戰！」呂孫綾突然提高了音量，她說，每個選區的調性不同，而新北市第一選區就像是「縮小版新北市」，幾乎涵蓋

了所有新北市會遇到的問題。參選人除了必須要花費更長時間在走訪在地上，也必須針對每個區域在意的議題做相應處理，這時候網路就成為了接收選民想法、傳遞資訊的重要媒介。

目前呂孫綾的臉書粉絲，以 40 ～ 60 歲的選民居多，而這也正巧符合新北市第一選區的人口組成，然而為了在網路經營上能更加精準，呂孫綾在 LINE @的經營上也下了苦工，考量到地方選民不一定想一直看到全區性議題，所以她也在 LINE @中，建立了互動功能及分眾推播按鈕。

另外，她也透過舉辦親子黏土課程、「呂孫

綾姐姐 x 親子電影院」等機會，將活動照片以私訊方式給參與民眾，進而吸引在地選民掃 QR Code 進入 LINE @，現在呂孫綾的 LINE @共有 9000 多位訂閱者（截至 2019 年 11 月 1 日），其中有近八成是在選區裡的選民。

但呂孫綾也瞭解，只有跑基層時，才能廣泛接觸到選區中的中老年人，因此她決定，以她特有的方式，像是請助理穿上人偶裝、戴上「小英頭」在吉普車上揮手，雖然辛苦，但在當時也成功引起話題。

「我把車隊掃街，定位成一場歡樂的大遊行！」沒有搖旗吶喊，也沒有打鼓嘶吼，呂孫綾有的只有雙腳。她說她不喜歡宣傳車和嘶吼的聲音，也不喜歡那些為了宣傳政見，而想盡辦法曝光的直播節目，「我覺得大家希望看到的是妳本人，與其直播倒不如我直接花時間去勤走。」

所有選舉慣用的人海戰術和搖旗吶喊的場面，從來不會在呂孫綾身上發生，但你能夠看到她背著重達五公斤的氣球，站在巷口和大家親切地打招呼，並用每一個親切微笑，讓選民認識自己，也許這樣的拜票模式有些人覺得很傻，

但這樣的傻勁，也就是呂孫綾這代年輕人，特有的執著。

而呂孫綾在關心在地事務之外，也沒忘了對中央議題有所表示，她說，中央議題不見得與地方無關。

這樣一個充滿幹勁的女子，如此說道，「我最開心的事情，就是有人的生活發生改變！有一次走在三芝，有個年輕人直直朝我走來，我以為他要罵我，還已經做好了應對的準備，沒想到他是要謝謝我支持婚姻平權。」

「一旦知道妳走在正確道路上，知道妳為對的事情爭取，就會覺得這件事還是值得的！」從呂孫綾身上，我們看到執拗與熱忱。

呂孫綾對於未來有很多計畫，像是她預備與形象相近，選區又接壤的新北十二選區立委參選人賴品妤，一同掃街拜票，「我們都是不服輸、全力衝刺的女生，希望未來能一起創造北海岸大連線，一起服務更多鄉親！」

未來，呂孫綾也準備用她的堅定執著，在空軍、陸軍持續努力，並繼續握緊每一雙手、爭取每一張選票。

張詠晴／文

# 洪孟楷

## 如何讓他翻轉新北第一選區？
## 10年行政與發言體系歷練，
## 其實父母一開始不希望他從政！

人民第一、經濟優先
熱忱、專業、新希望
洪孟楷 108.11

「無論台灣社會、台灣政壇，還是國民黨，都需要有年輕人持續出來，爭取應該承擔的位置，才能更加進步！」2019年五月，在國民黨初選中打敗老將吳育昇，代表中國國民黨參選新北市第一選區（石門、三芝、淡水、八里、林口、泰山）立委選舉的洪孟楷，如此說道。

國民黨體系多被詬病不夠親民、太過官僚、缺乏溝通，然而今年卻有這麼個參選新秀，他相信政治人物可以更加貼近民心，同時，他也擁抱以其他實踐政治的非典型形式，因此他上節目、開直播、拍影片，甚至還出了自己的競選主題曲《洪孟楷少年家》。

面對外界的質疑聲浪，他無所畏懼。這個說話有條理，邏輯清晰的男子，面對專訪的提問也毫不設防，甚至是有問必答，他燦爛露齒一笑說，是過去十年的經歷，造就了今日全心投入服務的自己。

專訪那天洪孟楷挾太陽的熱氣而來，臉上有著爽朗笑容，熱情卻也從容滿盈。即便在緊湊的行程中抓出時間，洪孟楷卻讓人感到從容不迫，只見口條利索、語氣平穩的他，把十年公部門歷練及打選戰的辛苦，說得像是日常，不難想像，他一直在人生的道路上，整裝待發。

學經歷豐富的洪孟楷，曾經擔任過台北縣政府副縣長蔡家福秘書、行政院院長江宜樺辦公室專門委員、國民黨發言人，也曾擔任過嘉義市長黃敏惠任內的文化局長，寫下了嘉市史上最年輕政務官紀錄。現在，他是國民黨文傳會副主委，同時，也是新北第一選區立委參選人。

豐富經歷、優質口才，這些特質讓洪孟楷得以常在電視政論節目發揮，同時，也讓他在空軍戰場如魚得水，更有效轉化為他最大的武器。然而洪孟楷說，自己不會利用優勢打口水戰，並相信，真理會越辯越明。

洪孟楷

**中國國民黨提名**

1983 年出生，南投縣人

元智大學企業管理學系、美國南加州大學國際公共政策與管理碩士、國立台灣大學政治學系政治學碩士

現任國民黨文傳會副主委兼發言人，曾任台北縣政府副縣長辦公室機要秘書、行政院院長辦公室專門委員、嘉義市長辦公室機要秘書、嘉義市政府文化局局長

**新北市第一選區**
**石門、三芝、淡水、八里、林口、泰山**

所以當他決心投入 2020 年立委選舉，他對自己許下承諾，不做負面攻擊，更要跳脫政黨鬥爭，用年輕的熱忱，打一場正向陽光的選戰，「政治是有核心價值的服務業，我們要做的就是把核心價值傳達給民眾！」推了推眼鏡，他笑著這麼說，執著而不頑固。

## 政治，就是要走進每個人的生活裡

參選以來的每天，天剛濛濛亮，洪孟楷就出門，開始走訪石門、三芝、淡水、八里、林口、泰山。他說，政治就是要走進每個人的生活。

由於新北第一選區幅員遼闊，且是 73 個區域立委選區裡，人口數最多的選區，人口結構也相對複雜，這使得該選區各方各面問題很多。洪孟楷說，自己選在此區結婚生子，開展人生新階段，也因此更加了解當地民眾在交通、育兒等方面，所面臨的難題，「必須要有一個稱職的立法委員，來擔任民意代表，如此一來，

地方才有可能有進一步發展更多建設。」

從另一方面來說，由於過去擔任發言人的經歷，以及 2018 年九合一大選，國民黨一舉拿下 15 縣市百里侯所帶來的啟示，讓洪孟楷意識到了世代交替的重要性，以及國民黨內新陳代謝的必要性，「我認為青年從政是必然，尤其在大選區，民意代表不僅要有充沛體力、要讓民眾接受你的特質，更要懂得運用工具做溝通。」確實，新北第一選區目前人口數突破 40 萬，包含了擁有 17 萬人口的淡水，以及擁有近 11 萬人的林口，除了拜票是相當浩大的工程之外，要能接觸到公寓大廈裡的選民，空軍戰場亦成

**前三屆參選人得票率分析**　　　　資料來源：中選會

| | | | | |
|---|---|---|---|---|
| 第 7 屆 | 吳育昇 | 中國國民黨提名 | 82949 | 58.38% |
| | 李顯榮 | 民主進步黨提名 | 56594 | 39.83% |
| 第 8 屆 | 吳育昇 | 中國國民黨提名 | 107821 | 50.77% |
| | 何博文 | 民主進步黨提名 | 90125 | 42.44% |
| 第 9 屆 | 呂孫綾 | 民主進步黨提名 | 110243 | 53.27% |
| | 吳育昇 | 中國國民黨提名 | 84582 | 40.87% |

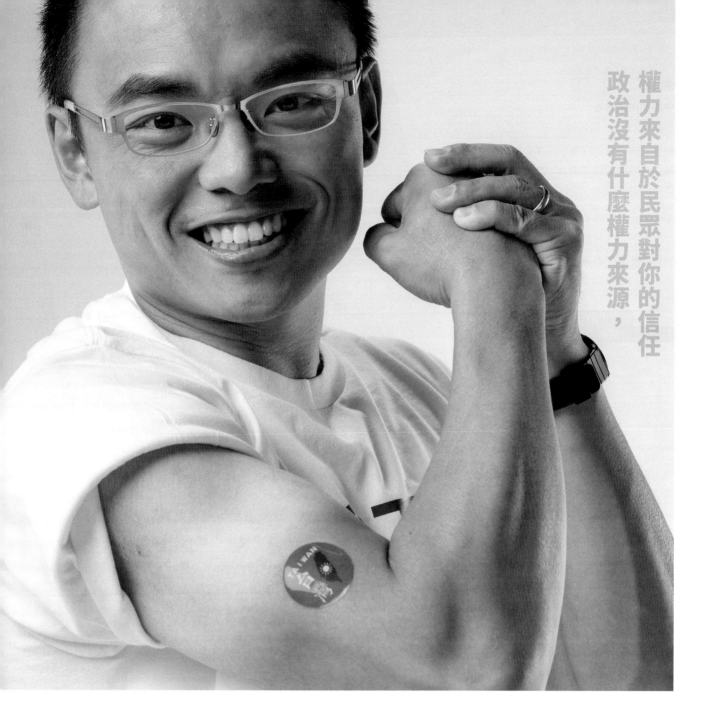

為選戰關鍵。

為此，洪孟楷選擇集中火力，除了將臉書粉絲專頁作為與民眾溝通的管道，更將其塑造為「打造個人品牌」的重要平台。

作為臉書的重度使用者，洪孟楷從 2016 年 12 月，便開始經營臉書粉絲專頁，直至 2019 年 9 月，都是自己一手經營。目前洪孟楷的臉書粉絲專頁有 4.5 萬人按讚（截至 2019 年 11 月 1 日），幾乎每篇貼文都吸引上千人按讚，上百人分享。值得注意的是，在洪孟楷的臉書粉絲專頁，影片、直播的比例相當的高，且往往能達到上萬人觀看、上百人分享的高互動率。

無論是將在政論節目中的發言剪輯成精華，抑或是帶著選民一起吃、一起玩、一起找國旗等軟性影片，洪孟楷堅持自己發想主題、自己發文，也邀請選區中的議員和自己一同直播，要善用其年輕有活力的優勢與選民互動。

「希望大家在臉書上看到的我，跟現實生活中的我是一致的！比起透過公關公司的包裝，我更希望在了解問題後，消化、論述、變成我的東西之後再去做，有效把理念傳達給大家。」洪孟楷說。

## 投身政壇的原因，跟一通電話有關

媽媽郭素春的前立委身份，讓有關「政二代」的質疑，一直緊跟洪孟楷。即便如此，他從不避諱談政二代身分，不否認媽媽確實在北海岸，掌握了深厚地方人脈，卻也因而更加誠懇地經營陸軍與空軍戰場，強調要用「三到精神」，讓大家「電視看得到、路上遇得到、電話找得到」。

他說，能力比名氣重要，自己從 15 歲開始在便利商店、咖啡店打工，上大學後當過英文家教、補習班老師，還在地方電台主持節目兩年半，到後來到公部門工作。這些經歷都不是靠父母的關係，就能獲得的。

「其實父母一開始是不希望我從政的！」談到自己投入政壇的契機，洪孟楷原本的能言善道，突然收斂了些。

決定走入政治的那年，他沒想過當政治人物如此冒險，要面對的攻擊不在少數，然而談起投身政治的初衷，他仍柔情似水說，「我真的覺得，民意代表的這樣的身份，確實可以幫助到需要幫助的人。」想起讓他決定投身政壇的那天，閃回腦海的，是當晚的一通電話。

當年任職媽媽服務處助理的洪孟楷，在下班前接到一通電話。電話那頭的女子，並不知道自己撥到的是哪位民代的電話，只是焦急的央求洪孟楷別掛掉電話，因為自己剛抱著小孩，從施暴的伴侶身邊逃出來。縱然當時因為女子的精神狀態不太好，洪孟楷花了很久才聽明白，原來女子要的只是一個能安身的地方，但他也沒敢掛掉電話，費了一番工夫，終於替這位女子找到政府管道，讓這個家庭得以受到保護。

「如果當時我就掛掉電話，一切可能就不一樣了。」他接著說，那一晚的衝擊，那他意識到，

民意代表跟一般人其實沒什麼不同，但卻擁有更多管道，能匯集大家意見，並且能將理念付諸成行動，要求政府做出對人民更有利的事。

這麼說或許顯得有點八股，也太過理想，但洪孟楷說了，民意代表都要有一點理想性，也要對未來有想法，「因為沒有理想性，就無法讓民眾感受到，政治真的是可以信賴的。」

## 網路是怎樣的一種存在？

因為聽見了民眾不為人所道的痛苦，洪孟楷更加認真經營每一個能接收民意的途徑。與大多數政治人物不同，洪孟楷謹慎看待臉書粉絲專頁的每一則私訊及回覆，也幾乎都會在做足功課、消化完資訊之後親自回覆。他說，除了實體服務外，政治人物做好網路服務也很重要，透過粉絲專頁進行溝通與理解，人與人的接觸會更加倍放大，創造好的正向循環。

洪孟楷的夢很大，腦袋也從未停止發想新點子，為了更加廣泛的接觸選民，他除了陸續與泛藍陣營的羅智強、侯漢廷、徐弘庭議員合作，以直播模式介紹選區的特色、探討市政大小事之外，也積極爭取年輕選票，在青年議題、社會現象等多所著墨，希望鞏固臉書粉絲專頁中，44 歲以下的粉絲。

為了吸引年輕族群的目光，洪孟楷也積極請國民黨青年部規劃，由 45 歲以下，包括蔣萬安、張嘉郡、黃韻涵、周佳琪、謝衣鳳等形象較為年輕的立委參選人，與他共同提出青年政策。

選舉經費雖然有限，但年輕世代的好處是選戰的打法更加多元，洪孟楷說，希望用不同的方式，傳達選舉理念，在 2020 年大選中，盡一己之力拚得自己想要的機會。　　張詠晴／文■

# 羅致政

## 主流媒體意見領袖再進化！
## 他精準抓住12%死忠選民眼球！
## LINE＠策略奏效，

從 2016 年中華民國總統副總統及立法委員選舉，到 2018 年的九合一選舉，可以慢慢發現「網路」的影響力越來越重要。不管是平常的議題討論或是選戰策略，幾乎沒有一位政治人物可以捨棄它，畢竟「網路空戰」具有帶風向效果，不管是宣傳自己或打擊對手，都是最快速且有效的工具，網路也因此被視為選戰勝敗的關鍵之一。

但是，學會使用臉書粉絲專頁、Instagram、LINE＠、YouTube 等網路社群，就代表絕對的勝選嗎？

「對於總統候選人來說，他們經營社群的對象是全國人民，因為所有粉絲等於選民；但對於區域立委而言，網路聲量絕不等於實際選票！」準備爭取連任的現任立法委員羅致政表示。

以羅致政所在的新北市第七選舉區（新北板橋東區）為例，在地人口約 22 萬人，而羅致政的臉書粉絲專頁中則有約 10.1 萬的按讚人次（截至 2019 年 11 月 1 日）。到底在這 10.1 萬人當中，有多少人是新北市板橋東區的選民，對於羅致政來說，就是很大的挑戰。

羅致政解釋，在處理臉書粉絲專頁時，碰到最大的挑戰就是不容易找到 TA（Target Audience，目標受眾），尤其像板橋這種都會型地區，大家都住在社區大樓裡，不僅難以接觸到選民，甚至連文宣都不一定能放到他們的信箱中。

有些立委具有全國知名度，時常討論全國性議題、上網紅節目，無論是臉書粉絲專頁的按讚人數，或節目的觀看人次都相當驚人，也因此在網路上擁有一定的聲量。不過，羅致政時常告訴幕僚，不要執著於臉書粉絲專頁的數字，也不須為了「蹭」熱度，去上知名網紅的頻道。

「把自己當成全國性的政治人物在經營沒什

羅致政

民主進步黨提名

1964 年出生，苗栗縣通霄鎮人

國立政治大學外交系學士、美國加州大學洛杉磯分校（UCLA）政治學博士

現任第九屆立法委員、新台灣國策智庫執行長、東吳大學政治系系主任、民進黨中央黨部國際部主任、外交及國防委員會召集委員

新北市第七選區板橋東區
埔墘、後埔、浮洲、溪崑

## 臉書聲量分析

| 建立日期 | 按讚人數 | 追蹤人數 |
| --- | --- | --- |
| 2011.1.12 | 101,932 | 100,188 |

2019 年最受歡迎貼文：

### 羅致政在板橋中山路 / 漢生東路口，掛上與蔡英文總統的聯合看板

**4366** 人按讚 ｜ **246** 則留言 ｜ **69** 次分享

2019 年最受歡迎直播／影片：

### 在中秋節，發起徒手剝柚子挑戰

**1723** 人按讚 ｜ **15** 次分享 ｜ **2.3 萬**次觀看

截至 2019 年 11 月 1 日

麼對錯，但我現在要選的是區域立委，選民在意的是有沒有看到你這個人、有沒有為地方做建設，網路上的聲量高並不代表會有選票，這是很現實的問題。」羅致政很清楚知道，自己最在意的絕對是地方選民的認同。

所以為了精準抓到在地選民，羅致政找到了結合空戰及陸戰的方法。

### 透過 LINE @互動，找到對的 TA

羅致政在創立 LINE @初期，都會趁著一些地方實體座談會的機會，在現場邀請大家掃描 QRCode 加入帳號。由於會參加地方活動的基本上都是在地人，這就向對的受眾邁出了第一步。

接下來的第二步就是如何吸睛。羅致政與一家新創團隊長期配合，透過團隊的技術，加上

羅致政對選民的了解，共同設計出許多互動遊戲。包括傳送早安圖、分享節慶卡片、議題的支持與否，甚至是羅致政上節目要戴的領帶，都交由粉絲們來進行票選。而透過這些粉絲的回應及互動，就可以得到大數據的累積及分析。所以羅致政的 LINE @在某些議題上，並不會通發給所有人，而是會精準推播給某個族群。

目前這個 LINE @帳號已累積超過 9000 人（截至 2019 年 11 月 1 日），雖然跟粉絲專頁的 10.1 萬人還差距甚遠，但羅致政認為，LINE

### 前三屆參選人得票率分析

資料來源：中選會

| | | | | |
| --- | --- | --- | --- | --- |
| 第 7 屆 | 莊碩漢 | 民主進步黨提名 | 49,008 | 41.61% |
| | 吳清池 | 中國國民黨提名 | 65,752 | 55.83% |
| 第 8 屆 | 江惠貞 | 中國國民黨提名 | 73,686 | 44.31% |
| | 羅致政 | 民主進步黨提名 | 71,207 | 42.82% |
| 第 9 屆 | 羅致政 | 民主進步黨提名 | 82,544 | 53.61% |
| | 江惠貞 | 中國國民黨提名 | 61,345 | 39.84% |

網路上的聲量高並不代表會有選票。有沒有為地方做建設，選民在意的是有沒有看到你這個人，

為了爭取在地選民支持，羅致政召開政見說明會進行交流。

羅致政積極參與地方活動，出席板橋文昌街生活學堂。

更屬於一對一的互動。「早期選民會打電話到服務處，而現在都可以利用 LINE @來聯繫，這樣在許多議題討論及解決問題方面，變得更有效率也更方便了！」

**每週固定 1~2 支影片，展現檯面上及私底下的不同面向**

現代人講求方便、快速，太過落落長又硬梆梆的文字，往往不受喜愛，所以羅致政也相當重視影片的分享。目前他會分享的影片主要分為兩類，一種是系列地方建設介紹，另一種則是分享美食、音樂等軟性影片。

「民意代表不僅要為民發聲，也要讓人民知道我們到底為他們爭取了些什麼。」羅致政認為，要抓住地方選民的心，首先就是要讓他們「有感」。所以他相當重視每週固定 1～2 支，關於政績的影片，像是學校校舍的美化及改建、停車場新建、教室冷氣設備更新等。

除了政績相關的影片之外，羅致政的團隊也時常在規劃一些較為軟性的主題，像是中秋節時，他就分享「徒手剝柚子挑戰」趣味影片，

羅致政與總統蔡英文一起參加板橋參雲寺、慈惠宮的參香行程，希望達到母雞拉抬選舉聲量目標。

甚至在跑中秋活動中，還會邊彈 Bass 邊唱，台灣獨立樂團茄子蛋的熱門歌曲「浪子回頭」。

由於羅致政已在電視節目、媒體上，談論過很多政治議題了，所以希望透過網路這個媒介，以生活、美食、音樂出發，讓選民們看到他私底下更親民、真實的一面。

## 臉書粉絲專頁就像是個人資料庫

雖然說為了更精準抓到區域的選民，羅致政目前較為重視 LINE @的操作，不過臉書粉絲專頁仍然是不可放棄的工具之一，所以包括前面提到的重要議題討論、影片分享，都還是會在臉書粉絲專頁上發表。

羅致政認為，臉書粉絲專頁就像是他個人的資料庫，裡面記錄了他所有的政績、表現，甚至是生活，每當有新的粉絲想要認識羅致政是怎樣的政治人物時，他都可以在臉書粉絲專頁中，找到完整的資料與答案。

## 透過「立委連線」互相拉抬

除了上述關於 LINE @、臉書粉絲專頁的操作策略，羅致政也相當重視不同區域立委之間，相互拉抬的重要性。

由於打選戰就是一天當一週來用，各區域立委要特地合體造勢或拍影片，恐怕有其一定的難度，所以網路仍然是最有效率的工具。

羅致政在選舉的過程中，時常在 LINE @、臉書粉絲專頁上，設計不少聯合拉抬的活動，例如放上合照，並分享彼此的社群連結及簡單的推薦介紹，盡量以不要太勞師動眾的方式，達到最有效率的目的。

何渝婷／文

# 柯志恩

改造為海納百川的「大平台」！
她將臉書粉專，從各方批判的「重災區」，
憑什麼創造超高互動率？

隨著智慧型手機的普及、臉書的問世，各大社群媒體繼之而起，人們不再質疑社群媒體對於政治的影響力，而當社群媒體的影響力越來越大，政治人物紛紛意識到，「網路空軍」儼然成為打選戰的另一關鍵戰場。

「社群媒體能讓民眾在最短時間內，快速了解你的想法，是一個推銷自己的工具！」已投入板橋東區立委選舉的國民黨不分區立委柯志恩如此說道。

首度參選區域立委的柯志恩，當年曾以風靡街頭巷尾的旅遊節目《世界真奇妙》節目主持人一職，為大眾所知。在卸下主持棒、學成歸國擔任教職後，她也從未停止跟上世界的脈動，仍持續透過電視節目、網路媒體等管道，以清晰邏輯及理性論調來針砭時事、關注台灣教育政策，也因此在臉書粉絲專頁上，吸引了一票死忠粉絲。

目前柯志恩的臉書粉絲專頁有超過 7 萬人按讚（截至 2019 年 11 月 1 日），然而粉專上每一則貼文都吸引破千人按讚、上百則回覆，堪稱具備極高互動率。2019 年 9 月 8 日，一篇有關韓國瑜到板橋慈惠宮上香祈福的貼文，甚至在發布後的短短兩天內，達到 8000 人按讚、543 則留言、151 次分享的高互動率。

「我的粉專互動率很高，我認為這是一件好事！」柯志恩解釋道，自己算是政治新人，因此並不會執著於臉書粉絲專頁上的數字。她最為在意的，其實是民眾有沒有透過社群媒體看到她正在做的事，以及用戶願不願意花時間按讚、回應，進而帶動更多參與。

柯志恩

中國國民黨提名

1962 年出生，屏東縣人

國立政治大學教育系學士、美國密西根州立
大學教育碩士、美國南加大教育心理學博士

現任不分區立法委員，淡江大學學務長，淡
江大學教育心理與諮商研究所專任教授，高
等教育評鑑中心心理學門評鑑委員，新聞局
2000 年金鼎獎得主，23 屆新聞局電視金鐘
獎最佳社教節目主持人

新北市第七選區板橋東區
埔墘、後埔、浮洲、溪崑

**f 臉書聲量分析**

| 建立日期 | 按讚人數 | 追蹤人數 |
|---|---|---|
| **2016.2.1** | **72,468** | **75,207** |

2019 年最受歡迎貼文：

**宣布投入選戰，柯志恩：板橋東區，可以有更好的選擇！**

**1.7 萬**人按讚 ｜ **2,466** 則留言 ｜ **515** 次分享

2019 年最受歡迎直播／影片：

**與朱立倫一同進行「貓爸」×「虎媽」對談**

**1,771** 人按讚 ｜ **35** 次分享 ｜ **8.8 萬**次觀看

截至 2019 年 11 月 1 日

2020 立委選舉將至，面對準備爭取連任的現任立法委員羅致政，以及台灣民眾黨推派的網路名人「Z9」吳達偉，柯志恩有辦法靠著臉書粉絲專頁上的高互動率，抓緊板橋在地選民的心嗎？

## 臉書粉絲專頁是互相交流的「大平台」

從新課綱解析、地方會勘，到難解的「拔管」爭議，打開柯志恩的臉書粉絲專頁，每一篇貼文都都有著長長一段文字，而這些文字裡頭，皆是柯志恩在消化了各方資訊之後，親自撰寫的清晰論述。

「我的粉絲專頁常常是『重災區』！」柯志恩坦言，自己的粉絲專頁跟其他立法委員有很大不同。由於她時常在貼文中公開談論全國性議題，這除了有開闢論戰戰場的作用外，也無意間為自己創造了一個可以第一手接收民意的管道，也因此帶來了更多的溝通及思考。

「之前我上傳了一篇關於在質詢顧立雄時，批判李登輝以及黨產的貼文，沒想到那一篇的瀏覽次數超過十幾萬，當時我就發現，原來有些批判透過社群媒體，其實是會得到很多意想不到的回饋的！」柯志恩說，這篇貼文得到的迴響，讓她決定把臉書粉絲專頁，打造為一個廣泛接收不同聲音、供民眾抒發己見的「大平台」。

從粉絲專頁的高分享次數以及高留言數來看，用戶對於貼文的反應十分熱烈，這同時也代表了柯志恩與用戶之間的「關係」十分緊密。

然而柯志恩很清楚，因為她現在要選的是區

### 前三屆參選人得票率分析

資料來源：中選會

| | | | | |
|---|---|---|---|---|
| 第 7 屆 | 莊碩漢 | 民主進步黨提名 | 49,008 | 41.61% |
| | 吳清池 | 中國國民黨提名 | 65,752 | 55.83% |
| 第 8 屆 | 江惠貞 | 中國國民黨提名 | 73,686 | 44.31% |
| | 羅致政 | 民主進步黨提名 | 71,207 | 42.82% |
| 第 9 屆 | 羅致政 | 民主進步黨提名 | 82,544 | 53.61% |
| | 江惠貞 | 中國國民黨提名 | 61,345 | 39.84% |

柯志恩參與新北市兒童藝術節歡樂變裝大遊行，強化與在地選民的連結性。

域立委，部分選民在意的會是參選人有無在地方上做建設、能否達到民眾訴求，以及與在地的連結度，因此如何將板橋東區的選民吸引前來空軍戰場，就會是至關重要的議題。

「如何把發生在板橋當地的事件，做不同包裝，讓大家知道這是攸關國家的大事，就會是打選戰的關鍵！」柯志恩強調，她無法保證在臉書粉絲專頁的粉絲中，有多少是板橋東區的選民，但希望盡量兼容並蓄的，顧及到關注不同議題的目標群眾。

柯志恩強調，像是提到在地的教育活動時，她還是會對教育政策提出看法，跑普渡活動的時候，也會對民俗、文化做一些講解，希望把在地活動跟教育及文化做一些串連。

## 不同平台展現不同面向

目前除了臉書粉絲專頁外，柯志恩還經營了 LINE @、YouTube 頻道、Instagram 等不同社群媒體。她將每個平台的定位劃分得很清楚，像是臉書粉絲專頁的定位，就會是批判時事的平台，LINE @ 則是傳遞即時訊息的通訊軟體，而 Instagram 則是會從美食、生活、旅遊等不同角度，讓民眾看到柯志恩私底下更親民、真實的一面。

「我在臉書、電視節目上時常談論政治議題，希望透過 Instagram 讓大家看到不同面向的自己。」柯志恩微笑著說。

是一個推銷自己的工具！
快速了解你的想法，
社群媒體能讓民眾在最短時間內，

柯志恩於新北市第七選區的市場，進行掃街拜票。

## 不只線上經營，還要「繞著板橋跑」！

除了在臉書粉絲專頁上持續發布己身對於時事的看法，以及對於現行政策的建議，柯志恩同時也觀察到，板橋是一個兼具傳統與創新的地方。面對住在公寓、大廈裡的民眾，必須靠著網路媒體才能打進他們的心，然而對於位在傳統地區的民眾，實地走訪仍有其必要性。

因此除了線上的經營之外，對於線下的實地走訪，柯志恩也不敢馬虎，她笑稱，自己現在是發揮所長，將原本做旅遊節目「繞著地球跑」的精神，轉化為「繞著板橋跑」的動力。

柯志恩直言，她知道外界擔心她是空降，跟板橋沒有任何淵源，這也是為何她現在將大半時間都花在出席在地活動及走訪街巷上。

然而她也表示，從過往經驗來看，板橋其實是一個很願意接受新的人的地方。透過勤跑基層、認真問政，她相信，板橋選民還是願意給政治新人機會的。

## 未來將推動「中生代連線」

除了在線下的經營，以及在臉書、Instagram 等社群媒體的操作之外，柯志恩也看好不同區域立委與政治人物之間，相互合作、共享粉絲的巨大潛力。

例如與台北市議員羅智強在板橋街頭拜票，並與蔣萬安、江啟臣等同黨立院同事，推動「中生代連線」，透過合體造勢或拍攝短影片，以最精準及精簡的方式，有效達到粉絲共享、拉抬聲勢等目的。

為了讓民眾接收資訊的管道更多元，柯志恩也陸續透過不定期推出時長 60 秒～ 120 秒的影片，以及在拜票時開臉書直播等形式，與地方建立更深厚的連結。看得出來，空軍與陸軍並行作戰，就是柯志恩在新北板橋突圍的一大關鍵。

張詠晴／文

# 吳達偉

要從藍綠強敵中殺出一條血路
網路大神「Z9」憑藉社群經驗，
從鍵盤俠到民眾黨立委參選人！

由台北市長柯文哲籌組的台灣民眾黨，於 2019 年 9 月底，公布首波立委提名名單，推派以網路大神「Z9」身份，為人所知的 PTT 名人吳達偉，參選新北市第七選區板橋東區（埔墘、後埔、浮洲、溪崑）立委選舉。

有柯 P 加持的立委參選人，本就備受矚目。2019 年 10 月 2 日晚間，鴻海集團創辦人郭台銘，又與柯文哲合體，替包括吳達偉在內的五位民眾黨立委參選人，合拍競選宣傳照，郭柯合體啟動了「雙母雞」輔選模式。外界除了解讀這些年輕參選人等於獲得郭董背書之外，也免不了對這些新面孔感到好奇。究竟「Z9」吳達偉到底是誰？

專訪那天，吳達偉剛接送完小孩，他騎著一台安裝了兒童座椅的腳踏車，帶著燦爛笑容而來，剛一停好車，就忙著招呼我們進去幾天前才張羅好的競選辦公室。

走進辦公室，只見四面白皚皚的牆面、一台舊式冷氣，以及明顯剛印製好的文宣品。才與我們合力架好剛剛到貨的折疊桌、排好椅子，吳達偉便又匆匆遞來了兩罐礦泉水，他先是爽朗一笑，才有點不好意思的說：「不好意思，因為政治素人沒什麼預算的關係，現在競選辦公室比較簡潔。」

很難想像，眼前掛著黑眼圈，笑得靦腆的吳達偉，就是 PTT 上，被網友冠上「Z9 神龍」稱號的表特神人。

原來網路大神的選戰生活，並沒有比較輕鬆。但談起理念來，吳達偉眼睛發亮。

## 當年的 Z9 大神，今日的吳達偉

過去吳達偉曾因網路肉搜實力驚人，擁有強大的搜索能力和「美女資料庫」，而被網友冠

吳達偉

### 台灣民眾黨提名

1984 年出生，台南將軍人

國立台灣大學機械系學士，國立台灣大學機械系碩士

華碩電腦高級工程師，廣達電腦工程師，臉書粉絲專頁「Z9 的看板」經營者，歷久網路媒體股份有限公司董事長

新北市第七選區板橋東區
埔墘、後埔、浮洲、溪崑

上「Z9 神龍」的封號。

畢業後的吳達偉當過工程師，也成立了公關顧問公司，在新創領域經營得風生水起。即便逐漸淡出 PTT，吳達偉對於資訊的敏銳度也從未降低，也總能第一手掌握社會需求。2012 年，他創立自己的臉書粉絲專頁「Z9 的看板」，與粉絲分享近期熱門議題及趨勢，並時常發表其對於時事的看法。

那一年的太陽花學運，讓他心中那顆反抗的種子開始萌芽，也讓他默默決定，倘若條件允許，他必定要設法投入政壇，真正進入體制內做改革。

「我當時意識到，我們這代年輕人，對於政治參與其實有很大責任！」原本輕鬆自在、幽默感十足的吳達偉，突然提高音量，正色說道。

他斂起笑容，緩緩地說，他其實也對執政黨有過期待，但很顯然，在藍綠政治惡鬥中，執政黨並未真正帶來改革，因此民眾黨尋求區域立委人選時，他自己主動報名，「因為只有第

三勢力崛起，立法院兩黨不過半，共組聯合內閣，台灣的未來才會有更多討論、進步空間，也才有更多機會！」

此次以政治素人身份，代表台灣民眾黨參選板橋東區立委，他將面對的，是準備爭取連任的現任立法委員羅致政，以及從不分區轉戰區域立委的柯志恩。

以「柯家軍」的奇兵之姿加入戰局的他，也讓原本呈現藍綠對決的此區，有了新情勢，更讓板橋東區的立委選舉，具備指標性意義。迎戰兩位實力堅強的立委，網路大神將會用什麼方式打選戰？作為民眾黨首波推出的年輕刺客，

前三屆參選人得票率分析　　　　　資料來源：中選會

| | | | | |
| --- | --- | --- | --- | --- |
| 第 7 屆 | 莊碩漢 | 民主進步黨提名 | 49,008 | 41.61% |
| | 吳清池 | 中國國民黨提名 | 65,752 | 55.83% |
| 第 8 屆 | 江惠貞 | 中國國民黨提名 | 73,686 | 44.31% |
| | 羅致政 | 民主進步黨提名 | 71,207 | 42.82% |
| 第 9 屆 | 羅致政 | 民主進步黨提名 | 82,544 | 53.61% |
| | 江惠貞 | 中國國民黨提名 | 61,345 | 39.84% |

有春
大聲

新北七 Z9
吳達偉

吳達偉又將靠著何種方式,異軍突起,實現他眼中台灣該有的榮景?

### 為求無愧於心,決定另開粉絲專頁

吳達偉在網路經營多年,也在原有的粉絲專頁「Z9 的看板」,累積了約 39,072 名粉絲(截至 2019 年 11 月 1 日),由於粉絲比例以年輕人佔多數,Z9 的看板的觸及率,每週可達到 40、50 萬人。

在擁有這麼高觸及率的粉絲團,照理來說,應該可以成為打選戰很好的資源,然而吳達偉卻選擇在參選後的一週,選擇打掉重練,另開專為競選事務而設的粉絲專頁「吳達偉 Z9 板橋立委候選人」。

「我認為分眾很重要!如果你想看新聞分享,

左起郭台銘、吳達偉、柯文哲、李繽穎，合拍競選宣傳照。

那原本的粉專還是在那裡，那如果你想看到政見，就到我的個人競選粉專吧！」吳達偉說，另開粉專的初衷，在於不希望因為自己參選而喪失「Z9 的看板」的靈魂，也希望能對原本支持他的粉絲負責。

畢業於台大機械工程系研究所的吳達偉多次強調，自己是做數據的理科人，若單就理性層面來分析，當然很清楚自己放棄的，會是多大的市場，「所有人都建議我直接將原本粉專改名就好，但我認為，如果因為我的參選，Z9 的看板就突然改變角度，會有愧於原本的粉絲。」

而這樣的執著，也反映在吳達偉對於台灣政治的想像上。

過去時常埋首於閱讀新聞、搜羅資料的吳達偉，不僅關心重大新聞事件，也常精闢點出普羅大眾時常忽略的觀點或議題。

吳達偉論述清晰，心也很大，怎樣才能改變台灣兩黨制帶來的弊病？他想的是，讓第三勢力探出頭來，好好讓這個國家在野黨派該有的職能，發揮該有的效果，「民眾黨的目標是三黨不過半，希望透過關鍵少數的力量，帶領台灣社會走出藍綠惡鬥。」

他說，自己從前就是檢視別人的鍵盤俠，但躲在鍵盤後，酸人酸了半天，發現沒有任何事情被改變。所以即便清楚政治素人要拚立委，勢必得走一段艱辛路程，且民眾黨要形塑價值及路線，也需要一定時間。他還是毅然決然，決定投入選戰，希望台灣的未來能有些改變。

帶著這樣的信念，即便知道力量微薄，他決定在資源有限情況下，結合空軍與陸軍的力量，在板橋東區刮起一陣別具一格的新風。

## 沒錯，我就是自告奮勇的神風特攻隊！

網路大神參政，除了多了關注度之外，也必須面對更多質疑。

「沒錯，也許就像王世堅說的，我就是自告奮勇的神風特攻隊！」吳達偉自嘲，但又馬上睜大眼睛興奮的說道，「但我們理工人的特色，就是會自己找解方！因為路都是自己走出來的。」

年輕世代打選戰，沒錢買競選看板及公車廣告，那就直接親自走訪；沒錢在臉書上針對區域下廣告，那就最大化原有的優勢，運用年輕與活力，和民眾做最直接的溝通。

我當然希望這個地方有所改變。立業、生小孩的地方，板橋是我成家、

吳達偉與「郭家軍」李縉穎進棚合照，高顏值男神合體，確實炒熱了話題。

目前吳達偉的個人競選粉絲專頁，共有 4914 人按讚（截至 2019 年 11 月 1 日），雖然按讚數不算多，但每篇貼文都擁有上千按讚數，貼文底下的互動也都十分熱絡。

在競選粉絲專頁上，吳達偉除了會分享走訪鄉里、認識鄉親的點滴之外，也沒忘記維持一貫的風格，以理性論調，談論其對於某些議題的想法，也會善用一些鄉民梗、生動有趣的 Hashtag 或對話，引發選民共鳴，並試圖在與民眾的對答間，尋得解方。

他也發現，民眾普遍對於談論實質政見，以及紮實論述，相對較為有感。像是【居住正義：囤房稅】這篇貼文，便在短短幾天內，達到 2051 按讚，130 則留言，472 次分享的極高互動率（截至 2019 年 11 月 1 日）。

吳達偉說，自己身為年輕世代，更懂得年輕人的需求。未來希望透過推動居住正義、實施「囤房稅」，讓房價盡可能回歸正常的市場機

民眾黨主席柯文哲陪同吳達偉，一同到板橋區國泰市場掃街拜票。

對於政治參與其實有很大責任！
我們這代年輕人，
我當時意識到，

制，「板橋是我成家、立業、生小孩的地方，我當然希望這個地方有所改變。」

為了提高知名度，同時接觸到更多選民，吳達偉也不諱言，自己願意嘗試娛樂性較高的活動，他笑稱，自己正在消費網路大神多年累積的「陰德值」，試圖讓自己的人脈發揮最大效用。未來，他也不排除與認識的網紅們合作，嘗試做一到兩個直播或影片。

### 年輕世代真的準備好了嗎？

從 PTT 時代，走到臉書當道的時代，吳達偉說，現代人要透過網路參與、進而影響政治，並沒有想像中困難。

「現在立委平均年齡是 50 歲以上，但這些立委立的法，不見得符合年輕世代需求。我相信年輕人參政，會有助於國會的刺激改造！」談起理念，吳達偉眼神真切，但我們不禁要問，要在這麼短的時間內打贏選戰，年輕世代真的準備好了嗎？

他尋思半晌，決定說出口：「其實年輕世代參政絕對有挑戰，學習絕對是必要的。但如果要現況改變，即使沒準備好，你還是要走出去應戰。因為要改變世界，真的只能從自己開始做起！」

吳達偉誠言，年輕世代投入選戰最直接的困難點，其實是就是現實面的資源問題，「憑良心講我們沒什麼資源，所以只有帶著一顆誠摯的心，四處拜訪、到處勤走。」

2019 年九月底才宣布參選，身兼參選人與奶爸身份的吳達偉自知時間緊迫，早上送小孩上課後，就開始跑遍鄉里、市場，及各大路口，「小孩睡覺後，我還可以再跑一下，多走幾步路就會多幾個機會，因為我見的每個人，後面代表的就是一個家庭。」

選戰進入倒數階段，藍綠雙方短兵相接，吳達偉要勝選的方法無他，空軍、陸軍都會是必須要把握的戰場。

張詠晴／文■

# 吳秉叡

## 突破62%超高得票率
## 蘇貞昌子弟兵要超越自己，
## 邁向第四屆立委任期！

隨著民主政治的續行

希望公民意識更加完熟

吳秉叡

二〇一九年十一月十三日

「網路能讓我跟更多人接觸！」積極爭取連任的新北市第四選區（新莊區75里）民進黨立委吳秉叡這麼說。

出身法官的吳秉叡，大學唸的是法律系。曾經擔任台東地方法院法官、台灣司法改革連線成員的他，即便後來踏上政途，也總是給人一種嚴肅、正經八百的感覺，然而這跟他在社群媒體給人的第一印象略有不同。

打開吳秉叡的臉書粉絲專頁，會發現許多政策新知、問政、質詢、各地會勘和選民服務，都會搭配生動活潑的標語、讓人會心一笑的Hashtag，或是團隊自製的Q版人物，而這些有趣的配置，也總能吸引到群眾目光。

事實上，吳秉叡很早就開始意識到網路對於政治人物的影響力。過去他便曾在爭取2018年民進黨新北市長參選人提名時，在官方YouTube頻道，推出網路節目【大秉的拓客吧】，以民眾生活、世代需求、產業發展、城市再造等各個面向為主題，邀請各方專家與意見領袖，前來與他進行對話交流，拉近政治人物與民眾之間的距離。

即便後來吳秉叡從不分區轉戰新北市第四選區立委，他仍舊積極透過臉書、LINE@等網路媒介，持續經營空軍戰場。目前吳秉叡的臉書粉絲專頁按讚數，有10.4萬人按讚，追蹤人數也超過10萬（截至2019年11月1日）。

除了擁有全國知名度之外，吳秉叡也因深耕新莊多年，並擁有現任閣揆蘇貞昌的行政資源大力支持，而被外界看好能成功連任。這也使得藍營直至2019年7月底，才決定立委參選人人選，派出國民黨籍議員陳明義對戰吳秉叡。

面對國民黨派出的人選，吳秉叡是否能重現2016年前選舉時，獲得的62%超高得票率，並讓民進黨繼續守住新莊這塊版圖？而面對同樣

吳秉叡

民主進步黨提名

1966 年出生，台東縣人

國立政治大學法律系法學組學士，國立政治
大學法律研究所碩士

現任新北市第四選區立法委員，野百合學運
政大學生代表，台東地方法院法官，台灣司
法改革連線成員，台北縣政府縣長機要秘
書，民進黨台北縣、新北市黨部主委

新北市第四選區
新莊區 75 里

## 臉書聲量分析

| 建立日期 | 按讚人數 | 追蹤人數 |
| --- | --- | --- |
| 2010.10.1 | 104,468 | 103,133 |

**2019 年最受歡迎貼文：**

吳秉叡感謝新莊鄉親長年來的支持，將
代表民進黨參與 2020 新莊立委選舉

**6249** 人按讚 | **122** 則留言 | **71** 次分享

**2019 年最受歡迎直播／影片：**

吳秉叡分享行政院院長蘇貞昌的影片
「機車等同是台灣人的雙腳」

**5810** 人按讚 | **701** 次分享 | **12 萬** 次觀看

截至 2019 年 11 月 1 日

擅長空軍操作、時常上政論節目的名嘴級政治
人物陳明義，吳秉叡是否會將選舉的主力，放
在加強網路宣傳上？又或者，陸軍戰場將成為
他打贏選戰的關鍵？

吳秉叡說：「時代走到這裡，空軍、陸軍都
會是參選人必須要把握的戰場！」

### 現在一天會有幾千人看你的文章

早年的選舉以陸戰為主，經營方式不外乎就是
候選人發傳單、競選團隊在社區門口發文宣品、
選民趕場聽政見。後來當有線電視興起，電視、
平面媒體的跟進報導，悄悄改變了選舉的樣貌。
爾後崛起的網路媒體，更是成為了選舉主戰場，
網路成為了政治人物不得不重視的一塊。

「以前是把文宣塞到信箱，現在是一天會有
幾千人看你的文章！」吳秉叡觀察到，相較於
過去的選舉模式，網路發揮了更大的影響力，
不僅能更快速傳遞訊息，資訊也會更透明。

在年輕時便投入政治的吳秉叡感嘆，過去的
選戰多重視組織經營，「往往都是你去交朋友，
朋友再幫你交朋友，必須要有很多人組織起來，
才能打選戰。」而現在則不同，吳秉叡說，如
今選戰模式、社會氣氛已然發生改變，選民接
收資訊的管道也不再單一，因此如何透過多元
管道，更貼近選民，就會是每個參選人都必須
要緊抓的重點。

「網路是一個能跟選民溝通的管道！」吳秉
叡認為，透過經營臉書粉絲專頁及 LINE @，將
可讓選民更清楚他的政策主張，跟他長期以來
一直努力在做的事，民眾也會更知道立法委員

### 前三屆參選人得票率分析

資料來源：中選會

| | | | | |
| --- | --- | --- | --- | --- |
| 第 7 屆 | 吳秉叡 | 民主進步黨提名 | 70,265 | 47.13% |
| | 李鴻鈞 | 中國國民黨提名 | 77,122 | 51.73% |
| 第 8 屆 | 李鴻鈞 | 中國國民黨提名 | 103,165 | 51.07% |
| | 林濁水 | 民主進步黨提名 | 94,126 | 46.60% |
| 第 9 屆 | 吳秉叡 | 民主進步黨提名 | 116,723 | 62.98% |
| | 陳茂嘉 | 中國國民黨提名 | 54,487 | 29.40% |

吳秉叡與市議員何淑峯，會同公路總局、新北市府工務局，到台 65 線橋下會勘。

能為地方帶來何種貢獻。他補充道，「從選舉的角度來看，若是越能被人瞭解，就會爭取到越多選票。要是參選人的能見度低，就很難打贏選戰！」

## 是全國議題，同時也是在地議題

除了自己在臉書粉絲專頁發布的影片及貼文之外，曾經擔任過蘇貞昌機要祕書的吳秉叡，也時常分享蘇貞昌的影片，並針對影片中所提及的重要議題，做進一步的解說。而這類貼文，也總是能獲得廣泛迴響。

像是先前吳秉叡分享的「機車等同是台灣人的雙腳、台灣人的生活」這支影片，就大受歡迎，在發布後不久，便吸引 5810 人按讚，701 次分享，12 萬次觀看（截至 2019 年 11 月 1 日）。

「這些既是全國議題，同時也是在地議題！」

吳秉叡說，新莊人口數佔據了全國人口的 2%，同時，當地也擁有許多機車行、機車騎士，在每日的交通通勤時間，汽、機車流量驚人。因此，他並非隨機選擇分享這類影片，而是在看見地方需要後，更加積極關注能和地方議題連結的中央議題，並藉由擔任地方和中央之間的橋樑，緊盯政策實行的進度，務實解決問題，並做進一步的推動。

## 關於民意代表的基本責任

即便肯定網路媒體帶來的正面影響，吳秉叡很清楚，空戰能發揮的效用難以量化，且網路聲量不一定能成功化為選票。

因此，除了平時在立院問政、質詢之外，吳秉叡對於日常的選民服務，也不敢疏忽，甚至在新莊地區開設了三個選民服務處。此外，他

吳秉叡推出「大餅胖卡」餐車，親自製作免費雞蛋糕，給市民品嚐。

也積極利用網路媒介為民服務，「我們會把透過臉書粉絲專頁私訊陳情的民眾，轉介到服務處，或是在第一時間請服務處跟陳情人聯絡，希望做最即時的處理。」

目前在新莊地區，每月經過登錄的陳情案件約有 200 多件，一年總計達到 3000 件。

吳秉叡說，新莊是一個都會區，基礎建設跟相關工程都已經有規模，但並不表示該地區就不需要做個別的設備改善，以及經費、福利的爭取。

「我並沒有把選民服務，或是幫助民眾解決疑難雜症，當作是一種陸軍的經營，我認為這是民意代表的基本責任，也是我們在地方的價值。」吳秉叡強調。

## 2020 年，年輕人的選票很重要！

2020 年選舉不只攸關台灣未來走向，也將牽動藍綠權力版塊挪移。而在藍綠成五五波的新莊地區，這些流動的年輕選票，也成為了勝選關鍵。作為區域立委，如何在最後的衝刺期，加強火力，催出年輕選票？

吳秉叡強調，在新莊地區，年輕人的選票佔據總投票人口的 40%，在年輕人都願意出來投票的前提下，我們甚至可說，年輕選票將可以左右選舉勝負，這也是為什麼，網路時代，立委除了需要用雙腳勤跑基層之外，也需要透過臉書、LINE@ 搶攻人氣，活化年輕選票。

因此，除了每天固定在臉書粉絲專頁以貼文、影片形式和大家接觸外，吳秉叡也不排除未來會與其他立委連線，透過影片、直播等形式，讓政策可以被更多年輕選民知道。

吳秉叡也向年輕人呼籲，隨著選情的升溫，未來勢必會遇到不實訊息滿天飛的情況，年輕人務必要冷靜審視這些消息，並且需要思考國家未來是什麼樣子，以及台灣的政策到底該往哪個方向走，再從這些角度來想想，自己手上的這一票該怎麼投。

「年輕人必須要多多參與選舉，有參與才能決定國家的未來！」吳秉叡大聲疾呼。

張詠晴／文

# 李縉穎

## 為郭家軍攻下一席嗎？
## 能以無黨籍身份戰勝藍綠
## 「郭董＋柯P」大力推薦的他，

2019 年 10 月 2 日，鴻海創辦人郭台銘在臉書粉絲專頁正式介紹，曾擔任台北市長柯文哲幕僚、郭台銘辦公室政策主任的李縉穎，將以無黨籍身份，競選新北市第十選區（土城、三峽區）的區域立委，也為郭家軍開出第一槍。

該貼文在短短一個月內，獲得 3.2 萬人按讚、464 次分享，而李縉穎在 2019 年 9 月 30 日創立的臉書粉絲專頁，也在郭台銘及柯文哲的「雙母雞」助威下，粉絲人數疾速衝到 5000 以上（截至 2019 年 11 月 1 日）。

很多人好奇，郭家軍的第一棒到底是何方神聖？也有人質疑，李縉穎明明掛著中國國民黨及台灣民眾黨的雙重黨籍身份，為什麼選擇以無黨籍參選立委？

2019 年 10 月 30 日，國民黨中常會確定開除李縉穎的黨籍，他雖感遺憾，但也顯得坦然。由於長期在做民調分析、數據觀察的工作，李縉穎發現，民眾對於政黨界線早已越來越模糊，不僅厭惡藍綠的比例相當高，中間選民及第三勢力反而成為最大的時代趨勢。

「其實黨派真的不重要，每次到了選舉，候選人就要因為身處的政黨而做某些背書、表態，甚至是攻擊，這樣意義何在？」李縉穎認為，用無黨籍參選就是要拋開所有黨派的包袱，只專注在國家法令、地方轉型等議題上，這些都比他的個人黨籍問題來得更重要。

### 決定從幕後走到幕前的契機

分別在 2018 年、2019 年擔任柯文哲幕僚、郭台銘辦公室政策主任的李縉穎，一直以為 2020 年總統大選，會是三腳督的局面。而他也早已下定決心，不管是柯文哲或郭台銘出來競選總統，他都會以幕僚的身份，在背後全力輔選。

李緒穎

無黨籍

1985 年出生，新北市鶯歌區人

國立台灣大學經濟系、英國倫政經學院國際關係碩士、國立台灣大學國家發展研究所博士

台北市長柯文哲幕僚、國際政經戰情室主任研究員、郭台銘辦公室政策主任

新北市第十選區
土城、三峽區

沒想到最後，總統大選還是變成藍綠對決的狀態。當時李緒穎一方面很希望，能為自己土生土長的家鄉貢獻一己之力，另一方面則是覺得郭台銘和柯文哲的理念，應該要有人為他們延續下去，再加上想為自己未滿一歲的女兒，創造一個更美好幸福的成長環境，所以李緒穎決定不再獨善其身，選擇站出來背水一戰。

## 不該再當里長型立委

新北市第十選區的立委參選人除了李緒穎外，還有連任兩屆新北市議員的國民黨籍林金結，以及現任民進黨籍立委吳琪銘。

在地方經營、政治資歷上，李緒穎肯定比不過另外兩位政治前輩，但他認為，區域立委不該再被選區給綁死，不然國會素質永遠都無法提升。「選區縮小後，逼著所有立委候選人都要朝里長型立委發展，注重服務、基層、組織。但立委是中央層級的民意代表，應該要處理國家立法、推行國家政策，不然民眾選里長、議員跟選立委有何區別呢？」

李緒穎過去曾在兩位巨人身邊工作，一位是台灣最成功的企業家，另一位則是台北市長。這些經歷使他相當自信，無論是對於地方建設轉型、國家發展、國土改革、國際觀的格局和高度，絕對不會輸給另外兩位候選人。

況且，土城三峽區的選區年齡結構偏年輕，45 歲以上跟以下的比例是一樣的。這代表著，早已厭惡藍綠惡鬥、期待青年參政、希望第三勢力冒出頭，甚至是郭台銘或柯文哲支持者的年輕選民們，更有機會把手上票投給李緒穎。

### 前三屆參選人得票率分析　　　資料來源：中選會

| | | | | |
|---|---|---|---|---|
| 第 7 屆 | 盧嘉辰 | 中國國民黨提名 | 77,656 | 60.11% |
| | 李文忠 | 民主進步黨提名 | 50,869 | 39.37% |
| 第 8 屆 | 莊碩漢 | 民主進步黨提名 | 81,520 | 43.39% |
| | 盧嘉辰 | 中國國民黨提名 | 89,570 | 47.67% |
| 第 9 屆 | 盧嘉辰 | 中國國民黨提名 | 67,619 | 38.46% |
| | 吳琪銘 | 民主進步黨提名 | 102,854 | 58.50% |

跟選立委有何區別呢？
不然民眾選里長、議員
推行國家政策，
應該要處理國家立法、
立委是中央層級的民意代表，

鴻海創辦人郭台銘（左二）、三峽祖師廟林東西董事長（左一）及父親李嘉進（右一），大力支持李縉穎參選。

## 從網路空戰到陸戰，再轉媒體空戰

雖然李縉穎從小就在土城三峽區長大，但對於在地人來說，他就是第一次參政的政治素人，所以讓選民認識他是誰，是李縉穎的當務之急。

大部分的人第一次聽到李縉穎的名字，都是來自於郭台銘或柯文哲的臉書粉絲專頁或相關活動，而「雙母雞」的威力，確實大大打開了李縉穎的知名度，也減輕了他在空戰上的負擔。

「網路上看過這個人，不如見到本人來得有溫度。」在網路上被看見後，李縉穎開始積極掃市場、站路口、站捷運，最大程度接觸到在地選民，盡可能地握住每一雙手。

有趣的是，李縉穎直接接觸選民時，有很多人的反應是：「原來這就是你本人喔？早就期待可以看到你了！」許多關注李縉穎的人，都相當期待能與他見面，這也代表著第一波空戰策略十分奏效。

在選舉最後二個月，李縉穎轉回空戰，開始積極上政論節目、在媒體上大量曝光，並且在自己的臉書粉絲專頁開設直播節目，透過自身專業，談論區域及國家議題，與粉絲進行互動交流。

## 打造土城三峽成為新的矽谷

剛宣布參選立委時，李縉穎受到不少質疑，認為他是出來炒知名度，為以後選市議員鋪路。而李縉穎用身體力行告訴大家，他從來都不是選假的，他真的希望能為土城三峽，甚至是國家做更多事。

就他的觀察，土城三峽有很大的發展腹地，但卻沒有一個總體長遠性的規劃。

雖然鴻海、正威等國際級大廠的總部，都設在土城工業區，但裡面仍有許多老舊、閒置的廠房；三峽的北大特區雖然發展得很好，但當地居民每天平均要花一小時的通勤時間，去台北市或內湖科學園區上班。

其實土城工業區正好位在內湖科學園區和新竹科學園區正中間，李縉穎分析，土城工業區很適合作為許多高科技業的總部，發展成為一個高科技園區。

郭台銘在李縉穎的第一場造勢活動上也講過，

青年參政.

相信李縉穎.

台灣一定贏

希望打造土城三峽，成為整個台北都會區的新矽谷。

美國的矽谷，就是靠一條 280 號州際公路串起來的。俗稱北二高的國道三號，其存在就如同 280 號州際公路一樣，一邊接到南港軟體園區，另一邊則可到新竹科學園區。郭台銘期待，北二高能成為串起台灣新科技的廊道。

除了促進在地產業升級，李縉穎也提到住宅、交通等問題。政府如果在偏向蛋白區、蛋殼區的土城三峽，大力推行捷運、高速公路、快速道路、公車路網等 TOD（大眾運輸導向型發展），並且建設一般上班族負擔得起的公宅、發展地方行政中心，這樣不僅能減少閒置土地、拉高容積率，也是在營造全新的密集型生活圈。

「大家總說要把台北仁愛路的空軍總部移開，蓋社會住宅。但你在全台灣最貴的地方做社會住宅，就不符合社會公平正義呀！」在李縉穎眼中，土城和三峽就是最適合發展成為高科技重鎮，並推行全新生活圈的地方。

身為正牌郭家軍的第一棒，可想而知李縉穎背後扛著龐大的期待與壓力。外界以為，郭家軍一定擁有很多資源可以打選戰，但李縉穎很堅持，青年參政就應該要用年輕人的選法，以勤走、熱情、清新、專業的形象去贏得民心。

而郭台銘也相當尊重李縉穎的想法，就像他一直強調的，年輕人才是改變台灣的開創者、是台灣的未來與希望。期待李縉穎能靠自己的力量，在 2020 年大選中，爭取到屬於自己的機會。

何渝婷／文

# 蘇巧慧

## 堅守新北第五選區
### 「院長的鋼鐵女兒」用臉書拉近與民眾距離，政績影片讓選民有感！

「如果你想真正認識一個立法委員，那麼歡迎加入臉書粉專！跟著巧慧，認識國會！」正在爭取連任的新北市第五選區（樹林、鶯歌、新莊9里）立委蘇巧慧微笑著說。

2019年10月5日，主題為爭取地方建設、關心不同族群、改善現有政策的「蘇巧慧會做事」，以影像方式，深入淺出地介紹了蘇巧慧任內的政績，在上線短短兩天內，便累積超過9萬次點閱，並在臉書粉絲專頁上獲得廣大迴響。

這支影片不僅完整紀錄蘇巧慧成功爭取閒置空間綠化、電線桿地下化，與三鶯大橋改建等有感政績，其中更有多位現任里長不分藍綠相挺。除了感佩蘇巧慧率領的服務團隊勤於奔波，也感謝蘇巧慧重視基層，抓緊地方大小事。

任何政績皆非一蹴可幾，自當選以來，蘇巧慧不敢懈怠，她說，選民會稱呼她「鋼鐵巧慧」，是因為她確實每天都在外頭紮實的跑滿將近17小時，求的就是真正接上地氣，聽清民意。

2016年挑戰成功的蘇巧慧，如今要面對的對手，是繼上次選舉落敗後，仍持續深耕地方的國民黨前立委黃志雄。她能否重現四年前的56%高得票率，在新北市第五選區取勝？

對於日益激烈的選情，蘇巧慧眼神熱切，篤定的說道，「我紮紮實實地走過了這四年，不論是國會表現，或是地方建設，這些都是非常具體的成績，我也歡迎大家評比與檢視！」

瀟灑直爽，是我們對於蘇巧慧的第一印象。專訪那天蘇巧慧大步而來，還未踏進門便先是揚起聲調、充滿朝氣地向我們問好，她臉上掛著爽朗笑容，還未坐定，已經開始用輕快語調，向我們聊起今天早上剛結束的質詢。

蘇巧慧

民主進步黨提名

1976 年出生，屏東市人

美國賓州大學法律博士候選人，美國賓州大學法律碩士，美國波士頓大學法律碩士，台大法律系司法組，北一女中

超越基金會執行長，2004 年總統大選律師後援會總聯絡人、驗票律師團律師，台北縣偏鄉法律諮詢服務義務律師，萬國法律事務所律師

新北市第五選區
樹林、鶯歌、新莊 9 里

f 臉書聲量分析

| 建立日期 | 按讚人數 | 追蹤人數 |
|---|---|---|
| **2014.4.19** | **153,019** | **150,558** |

**2019 年最受歡迎貼文：**

**蘇巧慧集結三年多來的國會、地方成績，發布「巧慧的國會報告特刊」**

**4366** 人按讚 | **246** 則留言 | **69** 次分享

**2019 年最受歡迎直播／影片：**

**蘇巧慧推出【蘇巧慧會做事】政績影片，完整記錄上任立委三年多來的政績**

**2685** 人按讚 | **62** 次分享 | **9.3 萬** 次觀看

截至 2019 年 11 月 1 日

北一女中、台大法律系畢業，2002 年律師高考及格，2006 年赴美攻讀法律，蘇巧慧是別人眼中的人生勝利組。掛著政二代光環進入政界，她一路上面對的挑戰與質疑從來不曾少，然而這個俠骨柔情的女子，並未甘於接收標籤。

憑藉法律專業與對教育議題的理想與執著，也繼承父親行政院長蘇貞昌「衝衝衝」的精神，蘇巧慧用四年時間以政治實力贏得民心，如今，大家漸漸不再只知道她是行政院長蘇貞昌的女兒，而是可以豪不猶豫地大聲喊出她的名字。

從 2009 年接任超越基金會執行長，跑遍都市與鄉村推行適性教育；2015 年 2 月宣布參選新北市第五選舉區立法委員，並於隔年順利當選此區立法委員；近年來更因認真審法案、預算案，被三個評鑑機構評定為優秀立委，蘇巧慧的精彩故事仍在繼續。

對於下一個階段的挑戰，蘇巧慧滿心期待，也充滿拼勁，她如此說道，立法委員除了要經過選戰洗禮，更重要的是要獲得民眾認同。因此無論在政壇或是教育領域，她都將結合紮實的陸軍力量，與空軍強項，盡全力爭取最多人的支持。

## 選民人在哪裡，我們就要去到哪裡！

從決心投身政壇以來，蘇巧慧一直相信，政治確實能發揮正面力量。懷抱著滾燙熱血與赤誠之心，也因堅信台灣的改造必須從根基開始做起，蘇巧慧從教育機構，投入立委選舉進入國會，希望從制度內徹底改革台灣的教育體質。

早上五點就踏出家門，晚上十點才到家，對

### 前三屆參選人得票率分析　　　資料來源：中選會

| | 姓名 | 黨籍 | 得票數 | 得票率 |
|---|---|---|---|---|
| **第 7 屆** | 廖本煙 | 民主進步黨提名 | 55,444 | 46.83% |
| | 黃志雄 | 中國國民黨提名 | 61,948 | 52.32% |
| **第 8 屆** | 黃志雄 | 中國國民黨提名 | 90,856 | 52.77% |
| | 廖本煙 | 民主進步黨提名 | 78,651 | 45.68% |
| **第 9 屆** | 蘇巧慧 | 民主進步黨提名 | 92,237 | 56.11% |
| | 黃志雄 | 中國國民黨提名 | 67,014 | 40.76% |

我們就要去到哪裡！
選民人在哪裡，

跟著巧慧，
認識國會！

蘇巧慧 留國會

2019. 11. 4.

蘇巧慧聲援「拒絕參加統戰交流團，共抗校園中國因素」記者會。

於她投入政壇的初衷，蘇巧慧身體力行做實踐。對於選民服務，她是這麼想的，「選民人在哪裡，我們就要去到哪裡！」體察民意的最佳途徑無他，空軍與陸軍都是必須要把握的戰場。

意識到現代人對於網路的依賴，且實體接觸選民的時間確實有限，蘇巧慧將傳統打選戰的大量文宣比重予以調整，轉而將這些辛苦建設過程與得到的認可，剪輯成影片上傳至網路，希望以大家比較習慣的、容易吸收資訊的影像方式，來講述價值跟成績。

這樣的經營模式，這也使得蘇巧慧的臉書粉絲專頁，相較於大多數政治人物來說，相對豐富多彩。善用過去深耕教育領域，在課堂中融入創意、規劃豐富課程的巧思，蘇巧慧將政績或者文宣，製成能一眼看懂的政績圖卡或懶人包，或是針對民眾關心的議題，設計不同主題的影片，每每都能吸引選民目光。目前蘇巧慧臉書粉絲專頁共有 15 萬人按讚（截至 2019 年 11 月 1 日），幾乎每則貼文都能吸引上千人按

讚，每支影片都可吸引上千、上萬次觀看。

蘇巧慧說，在資訊交換如此快速的年代，選舉服務方式也已然發生質變，「希望用社群網路把我的理念、成績傳達給更多人知道，得到更多人的認同，其實這也是在接觸人！」

## 讓人與人產生連結

人與人的接觸，正是能否產生連結，醞釀情感的關鍵。

這也是為什麼在蘇巧慧的臉書粉絲專頁，除了政績相關的影片之外，也時常規劃一些較為軟性的主題，例如為帶動親子共讀風氣、促進親子關係而設的【巧慧媽媽說故事】，以及由蘇巧慧辦公室小編 Janet，側面紀錄蘇巧慧日常，並帶著選民一起遊在地的【巧辦小編出任務】系列影片等。

「影片的主角，其實並不一定要是我本人。我的初衷是希望推銷我選區的好處，所以會希

蘇巧慧陪同蔡英文總統，前往富雅幼兒園出席「小英總統陪你說故事」活動。

望從一般人的角度來切入，而這樣的經營方式確實拉近了大家的距離！」蘇巧慧說，自己是否入鏡並非重點，民眾會不會想看，才是她考量的重點。

產出有趣影片的同時，如何顧全影片的品質，也成為關鍵，對此，蘇巧慧調皮又直率地燦爛一笑，開玩笑說道，「這時候有一個當導演的好先生，就很重要！」

事實上，舉凡中央質詢、鄉親互動、地方會勘，到粉絲專頁上的每一則貼文及影片，皆是由蘇巧慧及辦公室年輕團隊共同促成。她既感念團隊的努力與認真，也謝謝先生為影片品質把關。因為打選戰，不可能由一人獨力完成。

而為求真正貼近民意，蘇巧慧也時常在發布貼文或影片之前，先捫心自問，「這樣的內容是我自己也會想看的嗎？」也會詢問辦公室裡的小編們，「如果你們不在這裡上班，會想看這個貼文嗎？」

她是這麼想的，既然將自己的臉書粉絲專頁定位為一個拉近民眾與立法委員距離，進行雙向溝通的管道，那麼便要好好為這個平台的品質把關，彰顯其價值。

「現在的網紅百百種，從單一想像的網紅，到多元類別的網紅，只要真的有料，每個人都能創造網路聲量！」長期關注教育議題，並重視適性發展的蘇巧慧說，社群網路、自媒體的出現，讓更多的可能得以出現，也讓多元發展擁有更多空間。而她也相信，未來的日子，唯有憑藉鋼鐵般的拚勁繼續向前衝刺，為民眾提供更多選擇，也才有辦法催生更多的可能。

張詠晴／文

賴祥蔚

作者賴祥蔚為台灣藝術大學廣播電視學系教授、中華傳播管理學會理事長、i-Media 愛傳媒榮譽社長

# "二○二○年大選綠藍白的空軍決勝策略"

2020 年的總統與立法委員選舉，綠藍白三大勢力的決勝關鍵就在文宣策略，也就是俗稱的空軍。空軍的武器，是高明的議題訴求與傳播能力，而空軍的戰場，當然就是在網路與媒體。

不管什麼選舉，說穿了其實都是一種動員，不只是動員各種人脈與資源，重點還在於選舉投票當天，動員選民去投票。選民為什麼要花時間去投票？除了行使民主的神聖權利之外，更主要的是要有投票的動力，而這個動力，就是各黨派文宣策略發揮的地方，也就是空軍策略。

2018 年的選舉，藍綠兩大陣營的空軍策略其實是「討厭民進黨」對抗「討厭國民黨」。結果已經證明：「討厭民進黨」才是台灣當年最大黨，於是藍營出門投票者眾，國民黨大勝。反之，「討厭國民黨」已不足以讓綠營選民出門投票。

2020 年的情況已經改變，有三大情況值得分析：

一來，這是中央政府層級的選舉，加上民進黨已經記取教訓，所以把空軍策略定為「顧主權」，這是很高明而且「狡詐」的策略，因為表面上是人人看了都不會反對的「顧主權」，其實骨子裡不只是「討厭共產黨」，而且影射對手都是共產黨。

本來好好的一場民主選舉，就這樣被偷天換日，變成愛台與賣台之爭，好像選民進黨才是愛台灣，不選民進黨就是賣台。其實與其說民進黨愛台灣，不如說民進黨愛權力。以台灣的政治制度來看，根本不可能有人可以賣台，不管是總統或立法院最大黨，

但是很多選民不會想那麼多，於是這一套轉換概念的空軍策略，就讓民進黨大大從中獲利，讓選民都忘了先前一大堆弊案以及糟糕的酬庸文化。不得不說，民進黨真的很會選舉。

## 讓選民有感，就能夠吸睛

在國民黨的部分，韓國瑜喊出「台灣安全，人民有錢」，但是大致上還是維持「討厭民進黨」的空軍策略。說實話，欠缺新意。多數選民當然還是對「討厭民進黨」有感，但是招數已老，話題性的效益減低，而且去年民進黨已經被教訓過，再加上民進黨努力抹紅韓國瑜，如果國民黨不能提出更具有渲染性與動員力的空軍文宣策略，2020 年選舉可能會吃大虧。

至於第三勢力的白色力量，在柯文哲成立民眾黨之後，氣勢如虹，一再強調統獨是假議題，「國家治理」才重要，而且把重點放在「財政紀律」，民眾黨想要扮演國會關鍵少數，主要訴求可以說是「討厭兩大黨」，又喊出「民眾擺中間，藍綠推兩邊」的訴求。

坦白說，民眾黨的空軍策略固然理性又很務實，但是能不能帶動話題討論，讓訴求成為民眾投票的動力，還要多多努力。

現在是資訊爆炸的時代，資訊太多，已經難以全盤接受，許多民眾慢慢陷入了「選擇性接收」的同溫層，只能注意自己有興趣的話題，一旦接受論調之後，就不太容易改變。就此而論，空軍文宣策略的重點不是內容是否紮實，而是否具有話題性及渲染力。綠藍白誰最能讓選民「有感」，就能夠搶先「吸睛」，至於是不是說空話，很遺憾，目前看起來很多選民似乎不太在意。

重鹹重油重糖的食物，往往最能吸引一般食客光顧，如果佔據了有利的販售通路，生意更加好，至於會不會殘害食客健康，沒有多少人在意。至於健康食物，常常不受歡迎。檢視綠藍白的空軍文宣策略，似乎也是同樣道理，大綠辛辣搭配政媒資源，還有小綠助攻，藍營有內憂又缺新意，白色民眾黨還要多努力。

專欄文章僅代表作者本人立場

**KNOWING 專欄**

胡幼偉

中國文化大學新聞系教授

"

# 選舉「空戰」，真的有用？

"

台灣自從網際網路盛行，許多民眾都以網路做為接收或發送訊息的通路後，每逢重要選舉，候選人也都開始運用網路造勢，於是而有選舉「空戰」一說。

一開始，候選人只是在傳統媒介之外，自設網站，放入個人基本資料和主要政見，也歡迎選民傳來意見，做為爭取選票的一種手段。

後來，社群媒體興起，候選人便在社群媒體上組建粉絲團，凝聚支持者的向心力。再往後發展，候選人的支持者便自己利用社群媒體建立社團，在同溫層中相互取暖。這些選民自組的社團，有些遙奉候選人競選總部指揮，設定言論方向與尺度；有些則完全不受候選人總部控制，想說什麼就說什麼，想罵誰就罵誰，有時替候選人帶來麻煩與困擾，但候選人也不敢強加控制，以免得罪自己的支持者。

時至今日，所謂的選舉空戰，則更為複雜詭譎。

由於使用網路者可以隱匿真實姓名與身份，於是，滲透、顛覆敵營粉絲團，便成為常見的「空戰」戰術，弄到最後，誰也沒把握，到底哪個候選人粉絲團是真正的「自己人」社團；哪個社團裡面是否藏有敵軍？於是，空戰又加上了諜戰的味道，搞得粉絲們各個人心惶惶、疑神疑鬼。

更嚴重的是，「網軍」的大舉出擊，使原本單純的候選人粉絲社團，面臨制度化的威脅，若干社群媒體管理者政治立場不中立

的傳言，也讓許多選民對選舉空戰的公平性，產生根本懷疑而退避三舍。這些空戰亂象，早已超過候選人的想像與控制，成為今日台灣選舉中的一大奇觀！

## 參與空戰者是什麼素質？

現象演變至此，確實讓人感嘆。早年，網際網路萌芽時期，曾有一些學者樂觀預測，直接民主、多元溝通將因網路的盛行而實現理想；但至少以今日台灣的選舉空戰亂象來看，網路的盛行，只是加深了選民之間的對立與疑懼，理性論辯、相互尊重，根本是一種不可能實現的幻想與奢望。

若以最原始的軍事空戰來反喻，在空戰場域中，如果連迎面而來或伴隨飛行的戰機，究竟是敵機或友機都無法確認，請問，這樣的空戰還有何意義？

所以，今天台灣的選舉空戰，其實已經沒有太多可信度。是參與空戰者濫用網路傳播科技，自己毀掉了空戰的價值。當多方混戰失去了空戰的意義後，我們可以看到，由候選人陣營官網發出訊息的傳統單向傳播模式，反而變成較可信的主要傳播管道。在講究多元傳播的網路時代，這確實是一種很諷刺的「復古」現象！

這個現象告訴我們一個道理：傳播科技本身是中性的，當心懷惡意的人也掌控了科技運作能力，就可能使科技帶來災難與退步，而不是幸福與進步。

所以，選舉空戰真的有用嗎？那還要先看參與空戰者是什麼素質，才能有結論吧！

專欄文章僅代表作者本人立場

# 李旻蔚

## 能在四腳督中脫穎而出嗎？
## 土生土長的三重埔女兒
## 不畏政三代標籤！

「自從我正式宣布參選後，收到好多來自選民的鼓勵，他們說，三重埔終於有在地年輕人讓我們選擇了！」土生土長於三重，並在父親新北市議員李余典的身邊，從事 8 年選民服務的立委參選人李旻蔚表示。

李旻蔚在 2019 年 10 月 14 日，正式宣布披上台灣民眾黨戰袍，競選新北市第三選舉區（三重區）立委。會選擇加入台灣民眾黨並且投入選戰，是源自認同台北市長、台灣民眾黨主席柯文哲，在市政實務的用心，以及近五年來有感於台北市的改變，在在激發了李旻蔚想要改變自己的家鄉 - 三重的決心。

2019 年 9 月，李旻蔚被民眾黨詢問是否有意願參選，並在雙十國慶與柯文哲細聊後，發現彼此對於政策、地方建設等理念相似，所以決定從幕後走出來，參選立委。

而她將面臨的競爭對手，分別是擔任第七屆、第九屆的民進黨籍立法委員余天，以及無黨籍的現任新北市議員李翁月娥。

一位年僅 30 歲的在地年輕女孩，對決兩位長期經營地方的資深政治前輩，再加上半路殺出的新創界「摩西老師」，使一向為綠營票倉的三重區，現在面臨四腳督的情況。

2020 年立委選舉中，到底誰會在競爭激烈的三重區取得最終勝利，實在很難輕易下定論。

### 參政從說服家人做起

李旻蔚自大學畢業後，就一直在父親的議員服務處工作了 8 年。在處理地方事務的過程中，時常會有心有餘而力不足的感受，因為地方議員能提供的幫忙有限，不管是政策、法令或建設，往往都需要中央資源的注入才能夠達成，而這些正是立法委員的職責所在！

李旻蔚

**台灣民眾黨提名**

1989 年出生，新北市三重區人

國立暨南大學國際企業學系

民進黨評議委員、新北市議員李余典服務處助理

新北市第三選區
三重區

　　如果立法委員沒有去中央為民發聲、爭取地方權益及法令增修，即使基層人員多努力，在面對許多狀況時也是無能為力。

　　長年累積的無奈感，再加上這 8 年來時常聽到一個聲音：「為什麼從來沒有一個三重人，來擔任立法委員這個工作？」種種原因加諸在一起，成為她決定參選立委的契機。

　　但決定參選的當下，馬上面臨的問題就是來自家人的反對。李旻蔚出身政治世家，父親李余典是新北市議員、母親黃書禹曾任三重市民代表、祖父李火土則是前三重市長，即使從小耳濡目染政治環境，又有實際的基層服務經驗，都無法消除家人的憂心。

　　「爸爸很瞭解政治這條路有多辛苦，再加上政黨不同，他擔心我會面臨龐大的壓力及困難。」父女倆深談過後，李余典感受到女兒的決心，也知道彼此的初衷都是想為自己的家鄉盡一份心力，這樣的想法是不分黨派的，所以最後決定放手讓李旻蔚去闖，並且成為她最大的後盾。

## 不需撕去政三代的標籤

　　許多人對於政二代、政三代，都會戴上有色眼鏡去檢視他們，甚至貼上負面標籤。但李旻蔚認為，她除了是在地小孩之外，還擁有 8 年多紮實的基層服務經驗，大眾不必對她有空降、草包的質疑，反而因為從小就跟在爸爸身邊，再加上時常聽聞長輩們談論阿公以民為本，無私將自己的土地捐給地方，成就現在的三重區公所、清潔隊、原住民中心現址等事蹟，讓她

### 前三屆參選人得票率分析　　資料來源：中選會

| | 姓名 | 提名政黨 | 得票數 | 得票率 |
|---|---|---|---|---|
| **第 7 屆** | 朱俊曉 | 中國國民黨提名 | 73,286 | 48.24% |
| | 余天 | 民主進步黨提名 | 75,212 | 49.51% |
| **第 8 屆** | 李乾龍 | 中國國民黨提名 | 94,634 | 48.73% |
| | 高志鵬 | 民主進步黨提名 | 95,649 | 49.25% |
| **第 9 屆** | 李乾龍 | 中國國民黨提名 | 62,723 | 35.43% |
| | 高志鵬 | 民主進步黨提名 | 96,557 | 54.54% |
| **第 9 屆缺額補選** | 鄭世維 | 中國國民黨提名 | 51,127 | 46.77% |
| | 余天 | 民主進步黨提名 | 56,888 | 52.04% |

對於選民來說，我不是高高在上的民意代表，而是真的為他們解決疑難雜症的人。

李旻蔚宣布代表台灣民眾黨，投入新北市三重區的立委選舉。

了解三重的每個鄉里角落，也更懂得三重人最需要的是什麼。

李旻蔚分享了一個過去還在當議員助理時，發生的小故事。三重的三和夜市過去因為有一半的土地是私人的，所以在做土地規劃、污水管、自來水管等整合協調上非常困難。但為了三和夜市能有更好的觀光品質，市議員李余典仍堅持要完成這件事。

沒想到在協調的過程中，有將近兩週的時間，警察都在李余典的住家及服務處輪班站崗，因為有風聲傳嗆：「李余典給我小心一點！」當時李旻蔚十分害怕會不會真的出事，但她的爸爸反而很淡定的教育她，做人要光明磊落，做對的事情就不要怕！

這件事給李旻蔚帶來很大的震撼，而她也從爸爸身上學習到做事情的態度。所以被問到參選立委的過程中，爸爸是否有給什麼建議時，李旻蔚笑著說，其實爸爸不用多說什麼，因為身教大於言教，她早就將爸爸做事情的態度，貫徹到自己以及選戰上了。

所以對於政三代的標籤，李旻蔚倒不會感到困擾，「我無法左右別人怎麼看我，但希望打完這場選戰後，大家能感受到我對家鄉的熱愛，以及我想讓三重變得更好的決心，而不是總把焦點放在政三代上面。」李旻蔚語氣加重幾分說，三重其實很早就開始發展了，但現在卻一直停留在 70、80 年代的建設，尤其包括交通、新住民、托嬰、育兒、長照都是亟需改善的問題，而這些與選民息息相關的生活議題，也確實比政三代這個標籤還值得討論得多。

所以現階段，李旻蔚最緊要的事情就是讓更多選民們認識她、認同她，進而投給她，這樣也才能把上述這些問題及地方聲音帶進國會，替在地鄉親發聲。

## 當地方的孫女、女兒、朋友

李旻蔚認為自己在這場選戰中最大的優勢，在於許多選民都接受過她的服務，她足夠了解在地人的需求及問題，也處理過大量的提案及質詢內容。曾經的面對面接觸及認真傾聽的模樣，讓李旻蔚在許多選民們眼中，是孫女、女

代表台灣民眾黨分別投入三重區、信義南松山區立委選戰的李旻蔚及蔡宜芳,首次合體為彼此加油。

兒及朋友,這也是她將臉書粉絲專頁的名稱,取名為「三重埔ㄟ女兒 李旻蔚」的原因之一。

「對於選民來說,我不是高高在上的民意代表,而是真的為他們解決疑難雜症的人。」所以當李旻蔚宣布參選立委,開始走訪鄉里拜票時,收到了許多來自地方長者的溫暖關懷,像是「蔚蔚啊!妳太瘦了,有沒有記得吃飯呀?要多吃一點喔!」而年輕人們也相當高興,終於有一位青年願意站出來為三重發聲。

若有機會拿下三重區立委席次,李旻蔚也期許自己能跟當初在做議員助理時一樣,依舊是那個待在選民們身邊的人,持續傾聽、幫助他們解決問題,只是她能做的事情比以前多更多了!

## 空戰及陸戰雙軌並行

由於李旻蔚宣布投入選戰時,已距離投票日不到 100 天,所以空戰及陸戰只能雙軌並行。除了每天的送車、地方會勘、協調會、市政座談、在地里民的社團聚會,網路操作則將火力集中在臉書粉絲專頁上。

李旻蔚會把每天跑地方行程的照片,放在臉書粉絲專頁與選民分享,還會在文章中端出她的牛肉,「我認為臉書是一個可以好好把完整的理念、政策論述呈現出來的平台!」雖然她的臉書粉絲專頁 10 月 17 日才開創,但不到兩週的時間,就已吸引了超過 2000 人按讚追蹤。

除了文字、圖片分享,李旻蔚也有開直播、拍影片的計畫,用動態的方式與粉絲互動。像是 2019 年 10 月 30 日晚上 7 點 30 分,李旻蔚與學姊黃瀞瑩合體,以「地方ㄟ三重埔女兒帶學姊逛夜市」為主題開設直播,一起介紹三重好吃、好玩的地方。

雙北學姊首次同台,果然帶來超高的關注度!直播影片釋出一天,就有 1.3 萬次的觀看次數、超過 700 個按讚量,以及 56 次分享(截至 2019 年 11 月 1 日)。

李旻蔚與黃瀞瑩在直播時,也相當歡迎粉絲們到現場一同加入,透過線上線下同步互動,可說是陸戰空戰的完美結合。 何渝婷／文

# 賴品妤

## 更成為全國最吸睛「嬌點」
## 「太陽花女戰神」直球對決網軍，
## 民進黨最年輕立委提名人！

「我的初心不變、目標不變，雖然我現在轉換了身份，但我至始至終，還是朝同一個方向走！」新北市第十二選區（汐止區、金山區、萬里區、平溪區、瑞芳區、雙溪區、貢寮區）立委參選人賴品妤說得直接。

作為民進黨本屆最年輕的立委提名人，27歲的賴品妤走入大家眼中的方式，一開始就和其他立委候選人大相徑庭。

2019年9月18日，在民進黨最後一波區域立委提名記者會上，前立委賴勁麟之女賴品妤無心插柳，以「頭入選戰」的方式成為記者會焦點。當天晚上，她一頭栽進麥克風的畫面，橫掃各大新聞網版面，也在網路上開始發酵。這也讓賴品妤的臉書粉絲專頁，在創立後不到兩天，即吸引兩萬人按讚。眾人除了聚焦其「太陽花女戰神」的經歷之外，賴品妤亮麗的外型、過往的Cosplay作品的經歷也被翻出，高人氣與高度關注，除了為她帶來高聲量之外，也成為了她勝選的機會所在。

2014年的太陽花學運，她是用雙手擋住立法院議場大門，試圖阻擋服貿惡法通過的太陽花女戰神；2019年九月，她接受民進黨徵召，成為了新北市第十二選區立委參選人。

專訪那天賴品妤依約前來，剛見面就綻開笑容。政二代、女戰神，這些形容在她身上都不適用，她難以被標籤，更與這世道扞格不入，就像她對許多事物的見解，總是跳脫二元對立法則。

歷經士林王家事件、反媒體壟斷、反服貿運動，從高中畢業投入社會運動至今，賴品妤不曾放棄關注弱勢群眾的苦難。人生總是「很超前」的她，也很快踏上了選戰之路。

賴品妤

民主進步黨提名

1992 年出生，新北市人

國立台北大學法律學系

立法委員林昶佐助理

新北市第十二選區
汐止區、金山區、萬里區、平溪區、瑞芳區、雙溪區、貢寮區

## 臉書聲量分析

| 建立日期 | 按讚人數 | 追蹤人數 |
|---|---|---|
| 2019.9.18 | 37,862 | 40,117 |

**2019 年最受歡迎貼文：**

賴品妤參選宣言：我對台灣有夢，請大家一票一票帶著我一起走進國會！

3.1 萬人按讚 ｜ 2671 則留言 ｜ 1529 次分享

**2019 年最受歡迎直播／影片：**

賴品妤「頭撞麥克風」之後，立委蘇巧慧教賴品妤如何綁頭髮跟鞠躬

5141 人按讚 ｜ 2.2 萬次分享 ｜ 4.3 萬次觀看

截至 2019 年 11 月 1 日

## 2020 年將決定台灣未來的路要怎麼走

「2020 年是很關鍵的一局，不管對於總統或立委選舉都是，尤其在國會，我們沒有再掉任何一席的本錢！所以若這局大家覺得我是合適人選，我願意出來試試看。」賴品妤說。2014 年就讀台北大學法律學系的賴品妤，還沒畢業就開始擔任時代力量立委林昶佐的法案助理，包括質詢、發言、預算案，紮實的實務訓練，不僅讓她對國會運作深度了解，更讓她意識到台灣面臨的困境。

「2020 年選舉，將決定台灣未來的路要怎麼走！」賴品妤直言，政治情勢越來越險峻，但她對於台灣的發展前景，仍抱有希望，因而決定加入民進黨，投身立委選舉。

這當然也有個人情感因素，賴品妤說，自己是新北市長大的小孩，因此對於這塊外土地特別有感情，也特別關注新北十二選區，「拜票的時候感覺怪怪的，因為這裡是我從小長大的地方，但我從沒想過以候選人身份在這裡拜票！真的很感謝地方基層的相挺，給予年輕人機會！」

作為這樣一個高顏值外表、真實不做作的參選人，讓賴品妤在網路世界人氣高漲，獲得年輕族群的喜愛，自 2019 年 9 月 18 日創立粉專至今，賴品妤的臉書粉絲專頁已吸引近 3.8 萬人按讚（截至 2019 年 11 月 1 日），每篇貼文也都能達到上千、上萬人按讚。

## 關於網路上的惡意中傷，她選擇直球對決

不過，在賴品妤宣布參選後的不久，便有人

### 前三屆參選人得票率分析

資料來源：中選會

| | | | | |
|---|---|---|---|---|
| 第 7 屆 | 陳朝龍 | 民主進步黨提名 | 46,590 | 38.24% |
| | 李慶華 | 中國國民黨提名 | 63,297 | 51.96% |
| 第 8 屆 | 沈發惠 | 民主進步黨提名 | 63,122 | 35.91% |
| | 李慶華 | 中國國民黨提名 | 73,953 | 42.07% |
| 第 9 屆 | 黃國昌 | 時代力量提名 | 80,508 | 51.51% |
| | 李慶華 | 中國國民黨提名 | 68,318 | 43.71% |

還是朝同一個方向走！
但我至始至終，
雖然我現在轉換了身份，
我的初心不變、目標不變，

在網上發布了她出遊時的泳裝照，並在內文寫下了惡意汙辱言論。網路上的高聲量，在為賴品妤帶來關注的同時，也讓她成為網軍與酸民的箭靶。

流言蜚語很多，該怎麼因應呢？自小獨立的賴品妤，出奇的平靜以對。

她說，自己穿泳裝去游泳並沒有錯，但或許對方是因為她沒有什麼好攻擊，所以才用最廉價方式，攻擊她的外表和身體。

「我就是會直球對決的人，不需要去跟這種事情迂迴，我覺得不對就會講出來。這有什麼了不起的，我平常是什麼樣子，就會怎麼做回應！」賴品妤說得豪氣。從政者就應該要接受攻擊，毫不吭聲嗎？

她說，自己並不害怕接受檢視，雖然網路社群的發達，確實助力了不實訊息的傳播，然而也是透過網路，才能讓民眾更快認識政治人物，知道政治人物的理念。

「對我來說，空戰跟陸戰，兩者不可偏廢！」賴品妤眼神堅定地說，為了彌補政治資歷較淺的弱勢，勤跑基層拜票之外，她也很肯定社群媒體發揮的影響力。

## 「年輕」既是劣勢，也是優勢

新北市第十二選區現任立委黃國昌，交棒給時代力量辦公室主任賴嘉倫參選，國民黨則推派出政治經歷豐富的台北前副市長李永萍。關

台灣未來的路要怎麼走，
二〇二〇年決定了，
某種程度上來說，

賴品妤

世代共融

就靠品。

蛤一哨！

鍵在於，該選區「包山包海」幅員遼闊，總人口數達 25 萬人，也仍以中老年選票居多，必須勤跑基層。

「這區是民進黨相對艱困的選區，我認為年輕是我的優勢，但同時也是我的劣勢！」賴品妤說，年輕確實會比較有體力跑行程，但在走訪鄉里時，還是常常遇到長輩質疑她的能力與經驗。

賴品妤分進合擊，以年輕一代特有的方式打選戰。她既能帶著可愛貓掌站在路口和選民拜票，也能在社群媒體針對特定議題發表見解，她要爭取的，不僅是年輕選民的認可，更希望能獲得中間、甚至淺藍選民的支持。

「大家對於非典型政治人物是有渴望的！因為宣布參選時，頭插麥克風的小意外，導致我後來一直是以自己真實的形象，出現在大眾面前。」賴品妤自我定調，這是一場誠實透明的立委選戰。

打開賴品妤的臉書粉絲專頁，貼文主題涵蓋了時事、地方議題、選舉日常等，賴品妤總會用幽默、「迷因感」十足的文字氛圍，讓讀者更快產生共鳴。

## 社群媒體的邊界，會影響一個社會的進程

為了拉近與民眾的距離，賴品妤除了已經創立的臉書粉絲專頁、Instagram，以及 2019 年 10 月 28 日開設的 LINE@ 之外，也透露，自己並不排除透過影片、直播等更多元形式，來接觸選民。

目前她也已和選區相近的立委呂孫綾、蔡適應，組成「服務北海岸大連線」，希望透過共提政策，為北海岸居民提供完善服務，並在規劃合體一同掃街拜票。她也規劃在最終催票階段，邀請已應允擔任她競總主委的在地萬里人前行政院長賴清德，與她一同出席在地活動。

說起對於台灣未來的美好盼望，她咬字清晰，英姿颯爽。看來無論五年前、五年後，她依然是當年那個無懼威權，用雙手撐住大門的女子。

張詠晴／文

# 正上演不可能的任務！

## 黃國昌戰神傳人，
## 對戰國民黨老將與民進黨新寵

# 賴嘉倫

台灣是美麗的島，未來它會得更美好。
我要努力
完善法制 守護台灣主權
安身立命 捍衛居住正義
對抗財團 打破金權政治
我賴嘉倫，義無反顧，嘉低作伙同前行。

賴嘉倫
2019.11.12

「自從參選以來，我已經瘦了快十公斤。因為選區很大我一直在跑，但也因為腳踏實地的深入每個區域，讓我能更貼近選民！」新北市第十二選區（金山區、萬里區、汐止區、平溪區、瑞芳區、雙溪區、貢寮區）立法委員參選人賴嘉倫說。

2019 年 8 月，備受外界關注的立委黃國昌，除了拋出不競選連任區域立委的震撼彈之外，也同時宣布，將由其國會辦公室主任賴嘉倫接棒參選。

消息一出，不少人都很好奇，黃國昌力挺的「辦公室第一把交椅」，究竟是誰？

一般人對於賴嘉倫的印象，多為「黃國昌的幕僚」，相較於擁有戰神之稱的黃國昌，賴嘉倫的個人形象較不鮮明。然而大至樂陞案、兆豐案、普悠瑪案，小至改善汐科站月台安全、老舊城鎮再生，以及各類陳情案件，皆可看見賴嘉倫的蹤影。

擔任黃國昌辦公室主任的這幾年，賴嘉倫不僅總是默默讀完所有案件的資料，也在每一次的實戰經驗中把握機會學習。

細數過去四年他經手的各項揭弊案、地方議題，賴嘉倫說，「我在擔任黃國昌辦公室主任時所經手的每個案件、走遍的每個地方，都是我參選最大的資產。」

即便已在當地經營多年，賴嘉倫仍不得不與競爭者周旋。

在賴嘉倫宣布參選後的一個月，有太陽花女戰神之稱的賴品妤，表示願意代表民進黨參選，再加上早就宣布投入該選區的國民黨籍參選人李永萍，以及安定力量主席孫繼正的參選，新北第十二選區目前戰況激烈。

面對強敵環伺，能否延續黃國昌在 2016 年，獲得的 51.52% 超高得票率，並且成功繼承黃國

賴嘉倫

時代力量提名

1980 年出生，新北市汐止人

台灣大學國家發展研究所大陸研究與兩岸關係組碩士，中原大學財經法律學系智慧財產權及金融法類學士

立法委員黃國昌國會辦公室法案助理、主任，中華民國全國工業總會智慧財產權組資深專員

**新北市第十二選區**
**汐止區、金山區、萬里區、平溪區、瑞芳區、雙溪區、貢寮區**

## 臉書聲量分析

| 建立日期 | 按讚人數 | 追蹤人數 |
| --- | --- | --- |
| **2019.8.19** | **2,186** | **2,321** |

**2019 年最受歡迎貼文：**

**賴嘉倫發布參選聲明，宣布將投入新北市第十二選區立法委員選舉**

**626** 人按讚 ｜ **112** 則留言 ｜ **40** 次分享

**2019 年最受歡迎直播／影片：**

**立委黃國昌確定不競選連任，改由辦公室主任賴嘉倫投入 2020 年立委選舉**

**633** 人按讚 ｜ **92** 次分享 ｜ **5.1 萬**次觀看

截至 2019 年 11 月 1 日

昌的光環與聲量，就成為了賴嘉倫打贏選戰的關鍵。

在後有政壇新星作為追兵，前方還有老將埋伏的情況下，賴嘉倫要打贏這一仗，除了需要下苦功之外，也需要出奇招。為此，他決定透過結合陸軍、空軍的力量，來打這場選戰。這也是為什麼，在宣布參選的當天，賴嘉倫就開設了臉書粉絲專頁「賴嘉倫-嘉恁作伙向前行」，希望透過每天一則貼文，來與選民互相交流、聯繫感情。

「網路媒體可以讓我更快、更即時、用更低的成本，散播我的理念！」賴嘉倫說。

打開賴嘉倫的臉書粉絲專頁，便可發現，縱然貼文的主題涵蓋了時事、地方議題、政策宣導等，但在生硬的文字之外，賴嘉倫也會偶爾搭配一些較為白話的「鄉民式用語」，或是有趣的 p 圖。而這些相對親民的配置，除了展現參選人的幽默外，也讓讀者能更快在網路上產生共鳴。

## 將過去經歷與實地走訪做連結

目前賴嘉倫的臉書粉絲專頁雖然只有 2186 人按讚（截至 2019 年 11 月 1 日），但互動率很高，每則貼文都能吸引上百人按讚，一些貼文甚至能達到上百則留言，以及上百次分享。

這些貼文的主題，大多是賴嘉倫拜訪鄰里的每日行程紀錄、對於時事議題的看法，而值得注意的是，賴嘉倫也會將其走訪地點，與過去他擔任辦公室主任時，所經手的案件做連結，甚至針對過往案件做更加深入的說明。

「像是針對過去我與國昌老師曾經為瑞芳爭

### 前三屆參選人得票率分析　　資料來源：中選會

| | 姓名 | 提名 | 得票數 | 得票率 |
| --- | --- | --- | --- | --- |
| 第7屆 | 陳朝龍 | 民主進步黨提名 | 46,590 | 38.24% |
| | 李慶華 | 中國國民黨提名 | 63,297 | 51.96% |
| 第8屆 | 沈發惠 | 民主進步黨提名 | 63,122 | 35.91% |
| | 李慶華 | 中國國民黨提名 | 73,953 | 42.07% |
| 第9屆 | 黃國昌 | 時代力量提名 | 80,508 | 51.51% |
| | 李慶華 | 中國國民黨提名 | 68,318 | 43.71% |

賴嘉倫全程參與金山媽祖慈善會繞境

取過的堤防、基隆沿岸步道等，如果我剛好到這拜票，回來我就會在臉書上做紀錄。希望讓大家知道這些地方建設，從以前做不出來，到最後終於完工的整個過程。」

賴嘉倫說，這樣的紀錄以及適時地發文，將可有效將他過去熟悉的事物、現有資源，以及接收的新資訊做結合，「七星區對我來說是新故鄉！雖然大家可能認為我都在國會辦公室居多，但希望透過臉書，告訴選民，過去我是如何關心、參與地方事務，現在又在怎麼著手做改善。」

### 希望透過網路，讓年輕人願意出來投票！

除了關心在地議題之外，賴嘉倫也指出，年輕選票在此次選舉中，扮演至關重要的角色。

「我希望能透過網路，讓年輕人也願意出來投票！」賴嘉倫說，他的選區投票人口數有 25 萬人，其中又以壯年人口（40～64 歲）居多，

但每年都有接近 10 萬人沒有出來投票。這 10 萬人很多是年輕人，因此他希望能透過網路，接觸到這些多住在公寓、大廈裡面的選民，進而爭取到年輕選票。

賴嘉倫更以他在中秋跑場時，與一位年輕人的一段對話表示，過去年輕人多因厭惡藍綠惡鬥，而選擇不出來投票，然而自從黃國昌及時代力量，提出了以捍衛年輕人權益為重要訴求的理念後，年輕人的投票意願逐漸提高。

「我跟這位年輕人說，選票掌握在你們手上，而這張選票會左右國家的走向，所以年輕人更應該在這次選舉，把票投出來！」

### 我始終是腳踏實地的在做事

大選將近，對於參選人來說，每一分每一秒都彌足珍貴。而七星區幅員遼闊，對於此區立委參選人來說，更是必須要花費更長時間在深耕地方上。

就是我始終是腳踏實地的在做事！我認為我最大的優勢，

賴嘉倫參與瑞芳保安宮老人共餐活動

自宣布參選以來，賴嘉倫的腳步從未停下來過。他透露，自己因為每天一睜開眼睛，就馬不停蹄的走訪在地，已經瘦了快十公斤，他笑著說，「這導致我跟參選時拍的形象照，長得有點不太一樣！」

但也因為七星區包山包海，必須花費很長時間在交通上，讓賴嘉倫對於這個選區的交通問題，有很深的感悟。這同時也讓他下定決心，此次若能當選，必定要努力改變汐止、金山等地大大小小的問題。

「2020 年選舉，我認為我最大的優勢，就是我始終是腳踏實地的在做事！」賴嘉倫說，無論是在陸戰方面，一步一腳印深入每個區域，或是在空戰方面，定期透過輕鬆但不失嚴肅的方式，談談對時事或政策的看法，他都是親力親為。

而他也瞭解，在網路時代，立委參選人除了需要用雙腳勤跑基層，也需要透過社群網路，來延續議題熱度，緊抓年輕人目光。

因此，除了每天固定在臉書粉絲專頁以貼文、影片形式和大家接觸外，賴嘉倫也不排除未來透過推出懶人包，以及更多圖文，讓民眾能更快掌握資訊。作為資深貓奴，賴嘉倫更透露，自己不排除未來透過更多元形式，來拉近與民眾的距離，「之後可能會跟我的八隻貓一同入鏡，以影片或直播形式，來講一些相對輕鬆的議題。」

張詠晴／文

# 蔡沐霖

## 真能逆轉深藍鐵票區？
## 民進黨「主席特助」對上五連霸資深立委，
## 救援投手壓軸上陣！

「之前我一直在牛棚當教練，策劃青年軍相關工作，這次我就想，不如我自己下去投一局吧！」新北市第九選區（永和、中和 17 里）立委參選人蔡沐霖說得直接。

2019 年 9 月 18 日，民進黨中執會通過最後一波艱困選區立委提名名單，確定徵召民進黨主席卓榮泰特助蔡沐霖，投入新北市第九選區立委選舉。宣布參選後，蔡沐霖迅速鋪展競選架構，邀請當地議員羅文崇擔任競選總幹事、卓榮泰擔任競總主委。為表支持，卓榮泰更已在 2019 年 10 月中旬，特地前往永和輔選，當場脫下飛行外套贈予蔡沐霖，意味著薪火相傳。

即便民進黨派出來自黨中央的刺客應戰，在傳統藍營票倉打選戰，選情依舊艱辛。蔡沐霖對上的是爭取六連霸的國民黨立委林德福。

永和選民結構長期以來藍大於綠，2012 年民進黨徵召許又銘參選，僅得 5 萬多票，與林德福獲得的 8 萬 9767 票差距不小；至於其他屆，民進黨雖禮讓親綠人士，得票率始終無法突破 3 成。首次參選，就獨挑「超級深藍鐵票區」，蔡沐霖到底是何方人士，又是為了什麼目的與願景，投入如此艱困的選區？

「光是投入參選就有價值，我求的是對永和年輕人的交代！」蔡沐霖目光炯炯，語氣篤定的說道。

對於亟需改變的老永和，他是這麼想的，這一次民進黨一定要有人出來應戰，寧可勇於奮戰，開疆闢土，也不要不戰而逃。然而艱困選區難以翻轉是事實，1983 年出生的選舉新秀，憑甚麼認為自己可以勝出？

從 2005 年從事幕僚工作，到現在真正投入參選，蔡沐霖說，這 15 年來，自己一直對於永和這塊土地有些惦念。也因此，他選在永和成家、立業，開展人生新階段，更甘願將對永和的眷

蔡沐霖

**民主進步黨提名**

1983 年出生，台北市人

世新大學口語傳播學系，淡江大學中國大陸研究所碩上

民主進步黨主席特助，民進黨中央跨部會「青年小組」召集人，行政院大陸委員會機要秘書

新北市第九選區
永和、中和 17 里

## 臉書聲量分析

| 建立日期 | 按讚人數 | 追蹤人數 |
| --- | --- | --- |
| **2019.9.13** | **7,552** | **7,761** |

**2019 年最受歡迎貼文：**

**蔡沐霖批評韓國瑜的兩岸政策，並表達對蔡英文「中華民國台灣」概念的認同**

**1433** 人按讚，**105** 則留言，**298** 次分享

**2019 年最受歡迎直播／影片：**

**蔡沐霖與新北市議員張志豪，一同於智光黃昏市場掃街拜票**

**658** 人按讚 ｜ **23** 次分享 ｜ **3697** 次觀看

截至 2019 年 11 月 1 日

---

戀化為動能，積極應戰。

「雖然我短期內叫不出所有居民的名字，但我的思維是進步的，我想讓永和，成為新北的天母！」蔡沐霖發下豪語。這樣的說法是否能召喚中間選民，取信於年輕選民？蔡沐霖說，若要比基層服務，確實很難和林德福比拚，但在傾聽民意、理解民心上，卻是自己的優勢所在，所以他將以創新的方式爭取選民支持。

### 永和絕對不該只有這樣！

縱然比林德福小了整整 30 歲，也沒有強大政治背景，但蔡沐霖不懼戰也不怕戰。

他說，自己曾待過陸委會，被延攬到民進黨中央後，擔任中央黨部跨部會「青年小組」召集人，規劃青年入陣、青年競選總部等工作。因此，他的參選，代表的就是新世代的想法，也象徵著要為老市區注入活水，而多年的行政歷練，也將成為能量，在政策研擬、效益評估上發揮功效。

「永和的教育水準、房價一定排在新北市前三名，與台北市又只有一橋之隔，發展程度絕對不該只有現在這樣！我認為永和把自己的小鞋穿得太久了，真的變成小腳，民眾該享受的權利都沒有享受到。」蔡沐霖說得懇切，甚至有點心急。

大家都了解永和的都市建設，蔡沐霖感嘆，落入建商圈套的永和，總使擁有美術館、大型圖書館，但居住環境仍然侷限，進而導致綠地不足、停車位不夠、熱島效應。

蔡沐霖說，要改善中永和面臨的困境，必須

### 前三屆參選人得票率分析

資料來源：中選會

| | | | | |
| --- | --- | --- | --- | --- |
| 第 7 屆 | 林德福 | 中國國民黨提名 | 98,634 | 69.61% |
| | 洪一平 | 無黨籍及未經政黨推薦 | 27,044 | 19.08% |
| 第 8 屆 | 林德福 | 中國國民黨提名 | 89,767 | 48.83% |
| | 許又銘 | 民主進步黨提名 | 50,656 | 27.55% |
| 第 9 屆 | 林德福 | 中國國民黨提名 | 82,761 | 52.43% |
| | 李幸長 | 無黨籍及未經政黨推薦 | 46,660 | 29.56% |

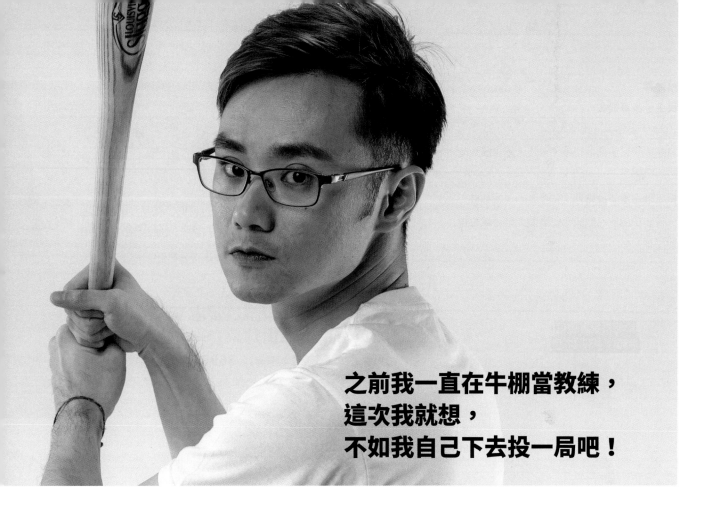

**之前我一直在牛棚當教練，
這次我就想，
不如我自己下去投一局吧！**

結合新北與台北通盤思考，同時更要中央與地方政府的協力合作，讓城市發展有整體規劃。

這或許也是為什麼，蔡沐霖從未放棄過每一種能傳遞理念、能與民眾溝通的方式。他知道，想要走進選民心裡，不僅要彎低腰身、緊握每一雙手，更要想盡辦法在虛擬世界觸及選民。

### 陸戰必須空戰化，空戰也要陸戰化

「我的時間很緊迫，沒有知名度就去測試支持度是沒有意義的，所以各種媒體平台我都要把握！」即便過去擔任幕僚期間，已對永和累積一定的認識，但對於永和居民來說，蔡沐霖的年輕臉孔仍舊陌生。而他也很清楚，在平均年齡高達 42.58 歲的永和地區，無論空戰陸戰，都會是參選人必須把握的戰場。

為了讓自己在短期內被大家認識，蔡沐霖平均分配投入各個傳播媒體的比例，他將廣播、電視、臉書粉絲專頁、LINE@，都視之為接觸各個年齡層選民的重要管道，採取齊頭並進的做法，要讓自己在短期內被大家認識。

「透過各種管道，我不僅要告訴選民我能為地方做的事，也要告訴他們中央政府正在為台灣做的事。」由於擁有豐富行政體系歷練，蔡沐霖對於政策方針十分熟悉，也因為他對時事的批判往往能精準到位，講出選民的心聲，這讓他在臉書粉絲專頁上擁有高互動率。目前蔡沐霖的臉書粉絲專頁有 7000 多人按讚（截至 2019 年 11 月 1 日），每則貼文都能吸引上百人按讚，其中又以論述清晰的時事議題，獲得的迴響最為熱烈。

透過每天發布一至兩則貼文，蔡沐霖持續在社群網路上保持熱度，他要在空軍戰場創造更大規模的影響力。

「現在有92%年長者，非常習慣使用LINE，但很多時候，長輩難以分辨什麼是假新聞，就會被誤導！」觀察到社群媒體上的假訊息氾濫，其中又以封閉性較高的LINE群組，出現不實訊息的頻率最高。蔡沐霖決心利用空軍陸軍並行的策略，快速針對現實生活中發生的事件及受到關注的議題，做最即時的回應。

對於不實訊息的滲透，蔡沐霖並未選擇沈默，他選擇將自己的臉書粉絲專頁以及LINE@，作為一個澄清假消息，提供清晰論述的平台，透過社群媒體，做最即時的回應。

他堅信，唯有敢於發聲，才有可能將假消息的危害降至最低，將不實資訊的影響力最小化。也只有如此，才有可能讓虛擬世界的言論，真正對現實世界產生正面影響。蔡沐霖強調，「在網路時代，陸戰必須空戰化，空戰也要陸戰化！」

在經營社群媒體的同時，蔡沐霖也了解，唯有透過網路，是無法獲得足夠選票的，「但我拒絕辦那種大家一起炒米粉、喝貢丸湯的造勢活動。」蔡沐霖燦爛一笑，說道，比起傳統的競選活動，自己更喜歡直接與選民有溫度的接觸。

所以他在捷運出口附近，邊彈吉他邊向路過民眾介紹自己；他往往是起了個大早，在永和通往台北市的大橋上，向上班的民眾道早安；他在競選辦公室開設了「和沐空間」，邀請選民一同來做瑜珈、聽故事；他更勤快走訪菜市場，堅持和每一位攤販老闆實實在在的握手，力求「握手握到民眾心坎裡」。

「我最開心的是，我的出現讓永和有了化學變化！」蔡沐霖突然提高音量，興奮的說道。

對於是不是要投入選舉，選擇哪個選區，蔡沐霖有過選擇，但他依舊選擇了最難行的路。

他的氣魄，來自對於現狀的不滿意，同時，也來自對於永和這塊土地的熱愛。

「林德福從我三歲開始就擔任永和區立委，但永和這幾十年來並未有任何改變。這也是為什麼，我投入參選這件事有其意義！」選舉之路道阻且長，但蔡沐霖說，他要永和的年輕人知道，沒有所謂棄守這件事，「我就站在這裡，而且是這麼熱切的，希望讓永和開始改變。」

## 關於青年參戰，他這麼說

參選以來，外界對於年輕參選人的質疑很多，但蔡沐霖認為，正是因為有明知不可為而為之的勇氣，選擇站出來與年輕世代一起奮鬥，才更能彰顯台灣的民主價值。

蔡沐霖也盼望，透過串連包括賴品妤、吳怡農、謝佩芬、張銘祐、周江杰、鄭朝方、莊競程及李問，這九位不滿四十歲的年輕人，組成民進黨青年連線「台灣派隊」，把護國保台的防線做得更完整。

「我不能保證自己能開出多少選票，但無論如何我都有把這九個年輕人拉在一起的能力。青年參戰，除了有年輕人互相支援的好感情，也有希望台灣更好的決心！」蔡沐霖語氣加重了幾分說。

說起理想，蔡沐霖眼睛發亮，他說，自己作為曾經在牛棚裡沉潛的投手，已經熱身完畢，準備登板，為台灣拿下勝投。

這一次，他決定，不再只是在投手背後下指導棋，而是無論如何，都要上場為台灣的未來拼一局勝利。

張詠晴／文

# 決戰中台灣

尋求連任的總統蔡英文，國民黨總統候選人韓國瑜，選前都頻繁在中台灣造勢，我們可以清楚知道，這五縣市的選票走向，總是高度影響歷屆大選結局。

台中已經超越高雄，成為全台人口規模第二大的直轄市。中台灣各地有 600 萬人口，當然有傳統票倉，更有新興市鎮，候選人確實需要空軍陸軍兩棲作戰。當然，陸軍的基層實力，以及地方派系的支持與擁護，選民結構與基本盤仍是搖擺州的重中之重。

興論風向是經營空軍的關鍵
中台灣是絕不可失的搖擺州

# 江啟臣

## 準備奪得三連霸！
## 靠「兩棲」靈活操作，
## 國民黨立院中生代領頭羊

2019 年 8 月，一則熱門話題佔滿各大新聞版面，主角是在台中豐原發跡，標榜使用台灣在地食材的知名飲料品牌「一芳水果茶」，因香港反送中風波，在兩岸市場引爆政治統獨爭議。在此議題發酵期間，有一齣影片被各大主流媒體大量引用，其來自於立法委員江啟臣的直播節目。

　　江啟臣以介紹在地特色為初衷，規劃了一系列「江哥的吧台 TALK」直播節目，首集嘉賓正好就是邀請同為豐原人，也是一芳水果茶所屬的「墨力國際股份有限公司」創辦人柯梓凱，來到家中大聊創業經。

　　沒想到因為一芳大陸爭議事件，直播節目的畫面在短短一週內被主流媒體大量引用，觀看次數迅速攀升到近 3 萬次。

　　隨著智慧型手機的普及、社群網路的發達，擁抱「新工具」對於政治人物來說，變成一種必然的趨勢。過去的政治人物多為被動的受訪者，選民只能透過少數固定管道得知消息；但現在的政治人物化被動為主動，透過網路直接與選民互動，在第一時間尋求曝光及支持，得到的反應及回饋也更加即時。

　　現任台中市第八選區（豐原區、石岡區、新社區、東勢區、和平區）的立法委員江啟臣，早在 2010 年擔任行政院新聞局局長時，就嗅到了網路社群的威力。他不僅是台灣政治人物中，率先接觸臉書粉絲專頁的先驅者，更是前總統馬英九開設臉書粉絲專頁的建議者之一。

　　截至 2019 年 11 月 1 日，江啟臣臉書粉絲專頁的按讚人數超過 21 萬人，他認為網路世代最大的好處，就是沒有空間及時間的侷限，它甚至可以做到沒有對象的限制，或者是對特定對象的鎖定。

　　曾經在金門服役海龍蛙兵特種部隊的江啟臣，

江啟臣

中國國民黨提名

1972 年出生，台中市豐原區人

國立政治大學外交學系、美國匹茲堡大學國際事務碩士、美國南卡羅萊納大學國際關係博士

第 8~9 屆立法委員、行政院新聞局局長、東吳大學政治系專任副教授

台中市第八選區
豐原區、石岡區、新社區、東勢區、和平區

### f 臉書聲量分析

| 建立日期 | 按讚人數 | 追蹤人數 |
| --- | --- | --- |
| 2011.2.21 | 211,678 | 211,162 |

**2019 年最受歡迎貼文：**

**江啟臣在立法院研究大樓，巧遇知名政治評論員黃暐瀚**

1.4 萬人按讚 ｜ 395 則留言 ｜ 102 次分享

**2019 年最受歡迎直播／影片：**

**江啟臣拍攝影片，介紹豐原人常吃的早餐「炒麵＋大腸豬血湯」**

6989 人按讚 ｜ 505 次分享 ｜ 60 萬次觀看

截至 2019 年 11 月 1 日

笑稱自己是空戰、陸戰皆擅長的「兩棲型」政治人物。

不管是線上或線下的耕耘及搭配，他往往都是親自參與、把關，維持線上內容品質夠接地氣、夠有料，並得到線下民眾的共鳴及支持。對於 2020 年立委選舉，江啟臣維持每天發 1~2 部影片或直播，並把握關鍵議題，在第一時間吸引民眾的目光。

而這幾年接觸臉書粉絲專頁的過程，擅長「兩棲型」打法的江啟臣，研究出了經營網路社群的 4 大關鍵點，分別是議題、內容、經營、時間點。

### 在對的議題講到對的點，網路聲量自然就發酵得更快

江啟臣相當擅長觀察時事，並且懂得隨時做好準備。尤其在資訊越來越容易取得的時代，政治早已成為大眾可以在網路上公開談論、轉貼的熱門話題，能在對的議題講到對的點，網路聲量自然就發酵得更快。

像是 2019 年 7 月爆發的國安特勤私菸案，在立委黃國昌揭露此事不久，江啟臣就接連發了 2~3 篇文，果然第 1 篇的觸及率在當天就達到 16 萬，並超過 1 萬個讚及近千次分享。

「我們的發文是 right after 黃國昌，所以在第一時間抓到議題，也就成功佔到網路聲量。」江啟臣表示。

所謂萬事俱備，只欠東風。當議題內容準備完善後，要等的就是一個完美的時間點。

2019 年 2 月，台中市在半個月內接連發生 2

### 前三屆參選人得票率分析

資料來源：中選會

| 屆 | 姓名 | 黨派 | 得票數 | 得票率 |
| --- | --- | --- | --- | --- |
| 第 7 屆 | 高基讚 | 台灣團結聯盟提名 | 38,368 | 35.99% |
| | 徐中雄 | 中國國民黨提名 | 68,216 | 64.00% |
| 第 8 屆 | 郭俊銘 | 民主進步黨提名 | 60,964 | 39.47% |
| | 江啟臣 | 中國國民黨提名 | 69,136 | 44.77% |
| 第 9 屆 | 江啟臣 | 中國國民黨提名 | 72,024 | 49.61% |
| | 謝志忠 | 民主進步黨提名 | 70,549 | 48.59% |

並把工具經營得更有溫度。

在於使用者是否懂得物盡其用，

能否成功的關鍵

網路是很好的工具及媒介，

為了配合萬聖節活動，江啟臣準備電影「阿拉丁」邀請在地民眾一起來欣賞，增加親子互動。

起酒駕致死的案件。江啟臣在跑基層時聽到了很多民間的聲音，認為酒駕應該要判死刑，所以他就研擬出了一個有關酒駕法案的立法立場，將該則貼文預排於 2 月 2 日早上，並準備過完年後提案。

沒想到 2 月 2 日凌晨，在台中市大里區又發生 1 起，酒駕害 2 名騎士慘死的悲劇。「這件事可以說是很巧合，但也是因為我們一直有在關注及準備這項議題。那天早上我們起床後發現，整個網路聲量都燒起來了，很多人都到臉書粉絲專頁留言支持我的酒駕法案。」當時江啟臣可說是第一個在第一時間，抓住議題並發表明確立場的立委，貼文甚至還有完整的修法內容及理由，所以這篇文章在發布當天，就達到 40 萬的觸及率。

這也是為什麼，行政院長蘇貞昌當時馬上公開表態「酒駕等同殺人」，法務部也罕見地在小年夜凌晨發布重大聲明，表示未來對酒駕致死研擬朝故意殺人的可行性修法。因為網路正在延燒的時候，當政者不立即表態，將火滅下來，很容易引起民眾的不滿。

## 內容要吸睛，畫面要黏人

除了硬梆梆的政治、法律議題，江啟臣也時常會「來點輕鬆的」。

從一芳水果茶到豬血湯、滷肉飯，江啟臣不時會實地走訪鄉里，拍攝影片向大家分享台中好吃、好玩的地方，介紹自己選區內的在地特色。像是江啟臣在 2019 年 7 月，拍攝了一支介

過去四年執政黨內政無能、外交失能，尤其在經濟、產業、能源、空汙等議題一籌莫展，九合一大選及公投結果並未使執政黨反省，我們希望這次選戰能徹底翻轉執政、撥亂反正，讓台灣重回務實、理性、穩健與平衡的發展方向，有效提高競爭力是我們在國際上屹立不搖唯一的路。

江啟臣

網路聲量自然就發酵得更快，在對的議題講到對的點。

紹豐原在地人會吃的早餐，就是炒麵配大腸豬血湯，得到非常熱烈的迴響，該支影片截至 2019 年 11 月 1 日，達到 60 萬觀看次數、6989 人按讚、505 次分享。

美食果然就是吸睛，江啟臣在 2019 年 9 月，拍攝影片介紹東勢山城的隱藏版美食，其中包括蛋餅、排骨飯、粉圓冰、紅豆餅等，這支影片也相當受到歡迎，截至 2019 年 11 月 1 日，達到 49 萬觀看次數、5848 人按讚、887 次分享。

少了嚴肅的政治味，多了輕鬆有趣的畫面，民眾的接受度自然就高。不僅畫面吸睛，也正好符合時下年輕人愛吃美食、愛打卡發文的習慣。

## 懂得物盡其用，更要用心經營

你是把粉絲專頁當成公佈欄，還是一個互動的小天地呢？在社群網路如此蓬勃的時代，大家都搶著學新工具、新方法，但能否長久經營還是要「用心」！

「我不敢說我在經營社群網路的方法是最好的，我只能說經營取決於心態及方法。網路是很好的工具及媒介，能否成功的關鍵在於使用者是否懂得物盡其用，並把工具經營得更有溫度。」江啟臣說。

由於現在網路社群種類眾多，江啟臣除了有臉書粉絲專頁之外，還有 Instagram 及 LINE@。而他也擁有一個年輕團隊，幫忙判斷及經營哪種類型的議題或文章應該發在哪裡，才能打到對的受眾群。

另外，江啟臣也不諱言會對某些貼文下廣告。「我會下的廣告貼文比較是地方性議題，因為受眾較小，以自己選區的人為主。但因為臉書粉絲專頁演算法的問題，共鳴較小的貼文，就比較不容易擴散出去，為了讓符合該議題的受眾能看到貼文，就只能下廣告來曝光。」

透過長年累積的經驗，加上線上與線下的完美結合，江啟臣期待，能成功挑戰台中市第八選區 3 連霸，繼續為人民服務！　何渝婷／文

# 蔡其昌

## 成功爭取三連霸？
### 「線上影響力＋線下行動力」
### 立法院副院長能否靠
### 精準打到台中海線選民的心！

有史以來最年輕的立法院副院長，同時也是台中第一選區（大甲、大安、外埔、清水、梧棲）立法委員的蔡其昌，早在噗浪當紅時，便意識到了網路社群的影響力。

從臉書粉絲專頁、Instagram 到 LINE @，蔡其昌重視每一則回應，致力於讓網路媒體在線上的影響力，與線下的在地服務相互結合，達到加乘效果。

目前蔡其昌的臉書粉絲專頁按讚數領先全台多數立委，有超過 20 萬人按讚（截至 2019 年 11 月 1 日）。即便很早就開始耕耘網路世界，蔡其昌並不執著於直播觀看人數、按讚人數與轉載次數，「比起想在網路上開戰的民眾，我更希望能服務的，是台中這塊土地上的鄉親！」

### 對於台中這塊土地有感情

30 歲當上台中縣民政局局長、35 歲選上立委、38 歲競選立委失利，並於 47 歲當選立法院副院長，走過大起大落，蔡其昌坦言，他已看透成功與失敗。也因此，他更加著眼於自己「能做的事」以及「做得到的事」，致力於運用手邊資源，幫助鄉親解決現有難題。

作為台中海線清水在地人，蔡其昌多次強調了這塊土地之於他的特殊意義，「2008 年立委選戰落選之後，我還是照樣開放服務處。雖然我沒有當立委，但我知道我還是可以做一些簡單的事情、貢獻一些時間，來幫忙台中在地鄉親。」

正是這樣的長時間經營，讓蔡其昌備受海線鄉親肯定，然而他也很清楚，單靠線下實體服務，畢竟仍有空間及時間上的侷限，因此在線上服務方面，他也精心經營。透過創立臉書粉絲專頁、Instagram 以及 LINE @，蔡其昌積極利用網路媒介為民服務，目前光是網路陳情

蔡其昌

**民主進步黨提名**

1969 年出生，台中市清水人

東海大學歷史學碩士，中興大學 EMBA 碩士、中興大學財金所博士班

現職為立法院副院長，曾任文學研究者、大學講師，從政後一路從國會助理做起，曾任台中縣民政局長、國會辦公室主任、民進黨發言人，並當選三屆立法委員

### 台中市第一選區
### 大甲、大安、外埔、清水、梧棲

**f 臉書聲量分析**

| 建立日期 | 按讚人數 | 追蹤人數 |
|---|---|---|
| 2012.1.20 | 206,615 | 200,570 |

**2019 年最受歡迎貼文：**

### 私菸案爆發後，蔡其昌：違法私菸的長年陋習，絕對毫不留情辦到底！

**2 萬**人按讚 ｜ **518** 則留言 ｜ **214** 次分享

**2019 年最受歡迎直播／影片：**

### 蔡其昌於 2019 年 2 月 21 日，會同兩位台中市議員到台中港北防波堤會勘

**2568** 人按讚 ｜ **423** 次分享 ｜ **9 萬**次觀看

截至 2019 年 11 月 1 日

---

案件每個月就湧入 100~150 件，已超過實體陳情案件數。

「現在我的網路服務，早就超過實體服務！」蔡其昌表示，透過網路傳媒，他可以更即時的知道哪裡需要幫助，並在與民眾的相互激盪、溝通之中，找到問題的根本，「我甚至會在會勘時，邀請陳情民眾到場查看，討論看看可以怎麼樣更有效的解決問題。」

## 瞄準在地選民，精準投放資訊！

從蔡其昌的臉書粉絲專頁上，貼滿了政策新知、到各地的會勘和選民服務，就可以知曉，縱然接任立法院副院長一職，在處理繁忙政務之餘，蔡其昌依舊堅持做一位「接地氣」的立委候選人。

「網路上的口水戰其實沒有意義！」蔡其昌的臉書粉絲專頁每天會有一至兩篇的貼文，但這些貼文很少涉及爭議性事件，多半是關乎台中

在地建設推動、新政策推廣、爭取補助等資訊。他強調，「我希望臉書是我跟選民溝通的平台，而不是只作為全國爭議性事件的論戰戰場。」

蔡其昌將臉書粉絲專頁定位得很清楚，對他來說，就是一個互動交流、傳遞訊息的平台。他何嘗不知道，一旦涉及高度爭議性議題，留言數、追蹤人數、分享次數等將會激增，但蔡其昌很清楚，他要吸引的，從來不是圍觀群眾與見獵心喜的酸民，而是真正生活在台中海線的鄉親。

至今已在臉書粉絲專頁擁有 20 萬粉絲的蔡其昌自豪的說道，多年來，他堅持不買讚數，也

### 前三屆參選人得票率分析
資料來源：中選會

| | | | | |
|---|---|---|---|---|
| 第 7 屆台中縣第一選區 | 蔡其昌 | 民主進步黨提名 | 5,1624 | 46.40% |
| | 劉銓忠 | 中國國民黨提名 | 5,9632 | 53.59% |
| 第 8 屆台中市第一選區 | 陳添旺 | 中國國民黨提名 | 65,438 | 43.70% |
| | 蔡其昌 | 民主進步黨提名 | 81,669 | 54.54% |
| 第 9 屆台中市第一選區 | 蔡其昌 | 民主進步黨提名 | 84,355 | 60.13% |
| | 顏秋月 | 中國國民黨提名 | 53,293 | 37.99% |

蔡其昌擔任立法院副院長公務繁忙之餘，仍與台中地方鄉親親密互動。

因此，現在看得到的粉絲人數，都是經過時間淬煉，一步一腳印地累積出來的，「相對於競爭者來說，在我們粉絲的組成中，台中第一選區選民所佔的比例很高，其中約有 7 萬是台中選民。」

這樣的空軍操作，難道不會在無意間打造出厚厚一層「同溫層」嗎？面對這樣的質疑，蔡其昌說，「就算創造了同溫層也沒關係，因為我必須要向在地選民清楚表達，我做了哪些事情，以及我可以做哪些事情。」

蔡其昌強調，他認為將粉絲專頁營造為同溫層會有兩個影響，一則是在平台上充滿了他的支持者時，平台上的民調所顯示的數字，就必須要被更加嚴格地審視；另一則是必須把位於台中海線的選民，盡力聚集到這個資訊傳播平台上。因為唯有瞄準在地選民，精準投放資訊，才能有效將最務實的政策，打入民眾心坎裡。

## 把基層服務，作為自己的「根」

既然知道網路傳播資訊的效能，會比實體服務處來得更好，那麼為何還要堅持設立實體服務處？蔡其昌強調，「實體服務畢竟比較有溫度，另外因為我的選區在偏鄉的緣故，老人家比例偏多，有些人文字表達能力不是很好，所以在當地有個摸得到的、能跟立委面對面寒暄的服務處，他們就會比較安心。」

蔡其昌認為，他的選區屬於台中市相對偏鄉

蔡其昌深耕台中海線，全力支持「英德配」。

的地方，基礎建設比較不足，自從他當立委以來，一直試圖解決貧窮化、單親、經費不足等迫在眉睫的難題，期盼未來能利用自身角色，將更多資源投入偏鄉，翻轉偏鄉現況。

對於他來說，無論作為立法院副院長，抑或是當地立委，唯一的差距只是因為政治上的職稱，讓他得以擴大服務範圍。他並強調，民意代表必須要把基層服務作為根本，加強與地方的連結、了解在地，才知道地方每個角落的基本需求是什麼。

### 空軍跟陸軍要怎麼調和？重點在於論述

談及實體造勢及網路宣傳的比例，蔡其昌強調，選舉成功與否，其實無關乎打的是空戰還是陸戰，重點應該在於候選人的論述。因為選舉本就是求一個結論，是選民對於你這個人的整體評價，因此讓選民相信你並對你有正面評價，是一件至關重要的事。另外，該怎麼去區隔與你與對手的不同，讓選民認為「選你會比選另一個候選人好」，更是值得關注的議題。

由於蔡其昌在台中第一選區已連續兩屆選戰，以超過五成的得票率大勝藍營候選人，這使得藍營在 2019 上半年的探詢階段，始終無法推派出合適人選。徵召過程中，曾兩度傳出前立委張顯耀要空降台中市第一選區參選，但最終藍營仍選擇在 2019 年 10 月 2 日中常會上，決議推派林佳新迎戰蔡其昌。

對手是誰，實力堅強的蔡其昌，其實並不上心！對他來說，現在更重要的任務，是透過更多線下的服務，以及線上的溝通，盡一己之力，為家鄉爭取更多基礎建設與經費，讓台中海線更加繁榮。

張詠晴／文

# 林佳新

打敗立法院副院長蔡其昌嗎？

能憑網路聲量，

因挺韓國瑜爆紅的「最強菜農」，

千呼萬喚終獲徵召！

國民黨在 2019 年 10 月 2 日中常會上，宣布由韓家軍「最強菜農」林佳新，投入台中市第一選區立委選舉，挑戰現任立法院副院長蔡其昌。由於蔡其昌在該區實力雄厚，這使得藍營始終無法推派合適人選，「刺客」林佳新最終有可能大爆冷門勝出嗎？

林佳新因為時常在臉書粉絲專頁以及電視談話節目中，展現犀利口才，針砭農政，為農民發聲，而獲得了一批死忠粉絲的支持。

深諳網路媒體經營之道的林佳新，時常透過社群媒體，以貼近一般民眾的口吻，針對時事提出自身見解。他的臉書粉絲專頁雖然僅有 3.4 萬人按讚（截至 2019 年 11 月 1 日），但幾乎每則貼文都擁有極高互動率，吸引上千人按讚、上千則回應及近百次分享。

「自媒體這幾年蓬勃發展，我在空軍具備的優勢，多少會給對手帶來壓力，而該如何把空軍優勢導流回選區，就是我必須要思考的問題。」林佳新這麼說。

即便在網路上的聲量一直高居不下，能否將網路聲量化為實際選票，才是打選戰的關鍵！面對準備爭取三連霸，且在地深耕經營多年的蔡其昌，林佳新有辦法靠著空軍陸軍並行戰略，在國民黨的艱困選區，成功取得多數選票嗎？

## 讓全國性議題與在地產生連結

2019 年 9 月初才將戶口遷至台中，緊接著在臉書粉絲專頁上宣布將爭取參選台中第一選區立委，林佳新要在「陸軍」展開基層佈局，只剩不到四個月時間，而他在「空軍」的影響力，對於台中海線地區是否能發揮影響力，至關重要。

林佳新

**中國國民黨提名**

1983 年出生，雲林縣莿桐鄉人

高職肄業

雲林縣西螺鎮菜農，長期關注農業議題。2018 年起上政論節目為韓國瑜辯護，獲得韓家軍支持，被外界稱作韓家軍「最強菜農」

**台中市第一選區**
大甲、大安、外埔、清水、梧棲

「我的粉專雖然只有三萬多人按讚，但點閱率、觸及率都比對手高，我能從中接收到的資訊也比較多！」林佳新說，他的臉書粉絲專頁是由自己一手創立的，所以他會更了解粉絲的組成，以及各個年齡層粉絲的訴求。同時，由於他與粉絲的關係十分緊密，因此更懂得基層想要什麼樣的生活。

雖然從臉書粉絲專頁的高分享次數以及高留言數來看，用戶對於貼文的反應十分熱烈，然而能否將網路人氣化為選票，才是勝選關鍵。

「這時候怎麼讓全國性議題與在地產生連結，就會是很重要的事！」林佳新表示，現如今全台各地的農民都過得很苦，而台中第一選區大部分皆為農業區，要怎麼樣在這個選區打響農業議題，讓農民過更好、產品能外銷，甚至進而帶動交通、觀光，並讓年輕人能回鄉，是他一直以來努力的目標。

林佳新說，其實再多精美的包裝，也比不上談一些「讓人民有感覺的民生議題」。唯有從人性面切入，說一些人民聽得懂的話，而非只是喊一些口號式的政策理念，才能真正「接地氣」，聽到來自基層的聲音，人民也才會願意將選票投給你。

## 在網路世界裡，水能載舟，亦能覆舟

草根味十足的林佳新敢講、敢戰，但凡涉及農業、勞工階層的議題，林佳新都可以不失力道地，用深入淺出的文字，讓一般民眾一看就懂，而這樣的風格，也為林佳新吸引了不少粉絲支持，並為他的粉絲專頁帶來了極高互動率。

### 前三屆參選人得票率分析

資料來源：中選會

| | | | | |
| --- | --- | --- | --- | --- |
| 第 7 屆 台中縣 第一選區 | 蔡其昌 | 民主進步黨提名 | 5,1624 | 46.40% |
| | 劉銓忠 | 中國國民黨提名 | 5,9632 | 53.59% |
| 第 8 屆 台中市 第一選區 | 陳添旺 | 中國國民黨提名 | 65,438 | 43.70% |
| | 蔡其昌 | 民主進步黨提名 | 81,669 | 54.54% |
| 第 9 屆 台中市 第一選區 | 蔡其昌 | 民主進步黨提名 | 84,355 | 60.13% |
| | 顏秋月 | 中國國民黨提名 | 53,293 | 37.99% |

網路媒體會帶來聲量，
但當你有一點小缺失時，
也會是加倍奉還。

然而林佳新也知道，在網路的世界裡，水能載舟，亦能覆舟。

「網路媒體會帶來聲量，但當你有一點小缺失時，也會是加倍奉還。」針對他在宣布參選後，網路盛傳的餵狗喝酒影片，林佳新再度道歉！他說，他並不認為這是網軍攻擊，而是任何一個參選人都必須面對的「檢視」。

如此的檢視，正好給他一個再三反省的機會。

## 時間是我最大的敵人

「時間是我最大的敵人！」正式獲得國民黨提名之後，距離投票日只剩下一百天，這讓勤跑海線基層的林佳新有感而發。

林佳新知道外界擔心他是空降，跟台中當地沒有任何淵源。他也坦言，從外地來的人，難免跟地方的連結性較弱，「因此我必須全力勤跑基層！」

林佳新說，農民的身份，讓他養成了清晨四點準時起床的好習慣！拜票活動通常從八點開始，因此他會在起床後這三、四個小時，自己開車到處和當地的農民們聯繫感情。

「農民們在當地生活幾十年，我得要親自跟他們聊聊，才會知道地方的困難點在哪裡，透過這樣的走訪，我覺得收穫很多。」林佳新強調。

才會知道地方的困難點在哪裡。

我得要親自跟他們聊聊，

農民們在當地生活幾十年，

大雨過後，為了怕田裡蔬菜被水淹沒，林佳新早起到田裡抽水。

　　林佳新觀察到，台中第一選區的「容他性」很強。因為外地人多的關係，當地也相對容易接受新人。

　　在民意高低直接影響投票傾向的前提下，林佳新相信，繼續勤跑基層、體察民意，在地鄉親就會願意給政治素人機會。

### 「空降」反而是我的優勢！

　　連任兩屆的競爭對手蔡其昌，顯然遙遙領先，林佳新笑著說，「空降」反而會是他的優勢。

　　「空降讓我沒有包袱！因為素人沒有太多資源，在錢比人少、人比人少、居住在這裡的時間又比人少的情勢下，我反而什麼都可以做！」林佳新說，只要認真做好真正想做的事就好了。

　　林佳新認為，有時候官越大，越聽不到基層的聲音，往往會做不到當初承諾要做的事。

　　林佳新將持續執行空軍陸軍並行戰略，在網路上與民眾達到互相了解、雙向溝通外，更要勤跑基層，讓更多在地鄉親認識他，努力將理念化為實體行動。

### 打算跟網紅合作

　　除了在臉書粉絲專頁的操作之外，林佳新也看好政治人物與網紅之間，相互合作的巨大潛力。未來預計透過直播、影片等更多元的方式，與鄉親接觸，並向在地選民傳遞資訊。

　　林佳新透露，近期已經與高鈞鈞、五虎將、「宅神」朱學恆等網路紅人，洽談了一些合作案，「未來將會以這些形式，向鄉親傳達我的想法，並提出最貼近民意的政策！」張詠晴／文 ■ ▨

# 陳柏惟

## 翻轉峰鹿大烏龍嗎？
## 新戰神3Q哥能靠「用腦發大財 好大好好玩」
## 3個月內粉絲數暴漲7萬！

2019 年 8 月 21 日播出的網路直播節目「YAHOO 鄉民大會」，邀請了台灣基進黨發言人陳柏惟、媒體人黃暐瀚、新黨發言人王炳忠，一同討論反送中引爆統獨的議題。不到一天的時間內，該影片就得到超過 1000 次的分享，也使許多人對這位挑戰顏家勢力，投入台中第二選區（霧峰區、沙鹿區、大肚區、烏日區、龍井區）立委選舉的「新戰神」陳柏惟感到好奇。

其實早在 2019 年 7 月，一份「協尋陳柏惟」的文宣，就已勾起不少人的討論。有人質疑，在高雄土生土長的陳柏惟，為什麼跑來台中選立委？有人好奇，台中第二選區長久以來都是顏家勢力範圍，「外地派」打得贏「本土派」嗎？但也有人充滿期待，終於有一個耳目一新的人出現，讓在地人多了新選擇，也使「峰鹿大烏龍」因此被看見。

陳柏惟在 2018 年參選高雄市議員時，以 1 萬 2267 票落選。雖然沒能當上市議員，但他在網路上的人氣，卻以驚人的速度直線上漲。光是從 2019 年 8 月，正式宣布參選台中市第二選區立委，到今年 11 月 1 日，粉絲專頁的按讚人數，就從 6 萬多暴漲到超過 13 萬。

雖然落選，卻先後被邀請參加知名脫口秀節目《博恩夜夜秀》、被網路紅人視網膜找去唱《島嶼天光》、被館長陳之漢找去做訪談直播、被 YouTuber 出身的台北市議員呱吉，找去上「政治電台」直播節目……

這位年僅 34 歲的立委候選人，蔡英文總統親自站台力挺後，還拉他在 YouTube 影片中現身，3Q 哥到底有什麼樣的魅力，在新聞熱度與網路人氣，持續居高不下呢？

陳柏惟

**台灣基進黨提名，民主進步黨禮讓**

1985 年出生，高雄人

國立高雄大學資訊管理學系

現任台灣基進黨發言人、汪達創意執行長、
電影《幸福路上》執行製片、電影《Kano》
特效專案經理

台中市第二選區
霧峰區、沙鹿區、大肚區、
烏日區、龍井區

## 自認並非投身艱困選區

面對許多「你不是本地人」的質疑，陳柏惟舉例，英國前首相邱吉爾的出生地，跟他選國會議員的地方差了幾百公里。其實更重要的應該是對這片土地的熱愛，以及想要改變的心。

台中第二選區在地方派系色彩很強的情況下，失去了討論國策規劃的空間，反而談到這個地方都只會想到他們的家族。「你有聽過沙鹿、霧峰、大肚、烏日、龍井有什麼全國性的政策嗎？這五個地區對全台灣人來講，就像是地圖上被遮掉一塊一樣。在某種程度上，我希望我的參選可以為這個地方，帶來更多的討論度與能見度。」陳柏惟說。

陳柏惟質疑，顏寬恒爭取連任立委，真的是源自於熱愛這五個地區嗎？如果是，那他們應該要有想改善自己選區的想法，像是成立發展協會、青年協會等，而不是依靠一個「穩定的產業」，或是某種政治勢力，保守過一輩子。

「我認為我對這片土地的連結與用心不會輸給他，即使顏家勢力深耕已久，我也不覺得這是一場艱困選舉。」陳柏惟的參選，為當地選民提供一個新的選擇。

一個選區長年都沒有競爭，進而導致政治冷感、政治失望，這才是最糟糕的情況。

### 前三屆參選人得票率分析

資料來源：中選會

| | | | | |
|---|---|---|---|---|
| 第 7 屆 | 劉瑞龍 | 民主進步黨提名 | 41,093 | 29.55% |
| | 顏清標 | 無黨團結聯盟提名 | 83,349 | 59.94% |
| 第 8 屆 | 李順涼 | 民主進步黨提名 | 79,730 | 40.20% |
| | 顏清標 | 無黨團結聯盟提名 | 118,585 | 59.79% |
| 第 8 屆 缺額補選 | 顏寬恒 | 中國國民黨提名 | 66,457 | 49.95% |
| | 陳世凱 | 民主進步黨提名 | 65,319 | 49.09% |
| 第 9 屆 | 陳世凱 | 民主進步黨提名 | 87,596 | 43.71% |
| | 顏寬恒 | 中國國民黨提名 | 93,495 | 46.65% |

## 用腦發大財，好大好好玩

　　有在觀察陳柏惟臉書粉絲專頁的人一定有發現，他每天的發文多達十則以上，但卻不完全是嚴肅的政治議題，有時候他也會像鄉民一樣，發發廢文。其實陳柏惟在經營臉書粉絲專頁上，並沒有所謂的戰術或策略，他認為這是一個讓大家產生共鳴感的地方。

　　「我不想成為一個高大上的政治明星或神，我希望讓粉絲們覺得我是朋友、自己人，這樣才是真正的貼近民意。」陳柏惟說。

　　大家看到陳柏惟的網路經營模式，肯定以為他背後有一群競選團隊在幫忙操盤。事實上，

他只有一位助理，其他包括影片剪輯、圖片後製，都是由志工們自發性幫忙做的。

　　對於志工們的付出，陳柏惟都感動在心頭，他說：「這代表有一群人希望台灣，或這個選區被改變，而我也不會辜負他們的一番心意！」

　　除了臉書粉絲專頁之外，陳柏惟的官方YouTube也經營得有聲有色，從政論節目類、活動宣傳類，到台語直播類、美食類，議題從硬到軟都有。有趣的是，每支影片都沒有花到陳柏惟半毛錢，依然是由志工們自發性製作。

　　陳柏惟在招募選舉幕僚團隊的核心主軸，就是「用腦發大財，好大好好玩」，只要你有創意、有點子、有熱情，陳柏惟都願意放手讓大家去

為了增加在地連結性，陳柏惟屢屢舉辦座談會，與在地鄉親互動交流。

帶來更多的討論度與能見度。
可以為峰鹿大烏龍，
我希望我的參選，

嘗試、去玩。會有這個口號的發想，則是源自於陳柏惟對台中的第一印象。

## 團隊應該背對背努力，而非面對面努力

願意如此放手給志工們去做的原因，跟陳柏惟的多次創業經驗有關。他始終相信，一間公司或團體想要成功，應該「背對背」努力，而不是「面對面」努力。

因為面對面努力，只會讓大家每天指責彼此的錯誤，進而使成長的空間越來越限縮；而背對背努力則是大家各自把自己的事情做好，並且一起腦力激盪，朝更好的方向邁進，使整間公司的進步空間，如海星般呈放射線成長。

## 老中青、陸海空 一個都不會少！

很多人以為陳柏惟會因為其優勢是年輕人、網路空軍，而完全不走陸戰。實際上，他在老中青、陸海空等不同領域都持續努力經營，希望能最大程度擴大優勢、減少劣勢。所以除了網路，在廟口、路口、菜市場也一定看得到他的身影。

尤其第一波文宣「協尋陳柏惟」就引起廣大迴響，年輕人會笑說：「誰不知道你啊？」但長輩們不認識啊！透過吸睛的文宣，以及實地走訪鄉里，就可以看出陳柏惟針對不同族群，都有不同的接觸與溝通方法。

對於陸戰打法，陳柏惟將重點放在「打動人心、點燃熱情」。據他觀察，台中第二選區有兩個狀況，不是對政治冷感就是對政治失望。他相信自己代表的是創新及改革，他的參選能使許多人的希望被點燃。

當然，過程中一定會有不少冷嘲熱諷的聲音，認為陳柏惟是炮灰，但他淡定的說，「現在覺得我是炮灰的，以後一定會後悔！」以過去台中第二選區的幾次選舉結果來看，國民黨與民進黨的候選人，幾乎都獲得約四成的得票率。雖然中間選民較少，但兩邊的基本盤還算平均，而非壓倒性的數字，像是第八屆立委補選及第九屆立委選舉，藍綠候選人的票差，分別為 1000 多票及 6000 多票。

這代表著，2020 年台中第二選區的立委選舉，誰能獲得最終的勝利，還很難下定論！

何渝婷／文

# 莊子富

## 利用媒體資源與專業突破艱困選區
## 政治素人做貼圖、拍影片、Cosplay，
## 獲得韓國瑜大力支持！

自高雄市長韓國瑜投入總統初選後，力拼「一周一造勢」，而現身挺韓造勢活動現場的參與嘉賓，亦受到媒體的高度關注。其中最讓人印象深刻的，便是頻繁在電視媒體曝光的台中市第七選區（大里、太平）立委參選人莊子富。

現任台中廣播總經理莊子富，於 2019 年七月底被國民黨徵召參選立委，挑戰現任綠委何欣純。他的參選，獲得總統參選人韓國瑜大力支持和背書，韓國瑜的太太李佳芬，也在 2019 年 11 月 3 日的造勢活動中，親自到場為其站台。

如果你關注國內政論節目，你也一定對於這位常出現在《新聞深喉嚨》、《新聞龍捲風》等政論節目中的老面孔不陌生。

「沒有一個政治新人擁有這麼多曝光機會！」長期在台中廣播工作，主持「中職轉播」、「子富有約」等節目的莊子富，長期透過廣播節目體察民間疾苦，而瞭解基層心聲與不滿的他，也深諳社群媒體的影響力。

除了把握上電視談話的機會，他也將新聞剪輯成精華片段，甚至在 YouTube 頻道上，開拓了英文教學、景點走訪等單元，積極透過社群媒體擴展知名度，並以「媒體人參政、好日子的路，我來顧」為號召，希望讓台中鄉親認識這個從媒體轉戰政壇的政治素人。

在知名度不如老將的情況下，莊子富期望透過結合空戰與陸戰的「兩棲策略」，在國民黨的艱困選區，開創出另一番榮景！

### 空戰跟陸戰要黏在一起走

「空戰跟陸戰要黏在一起走！」莊子富認為，自己畢竟是政治素人，從政經歷與知名度明顯不如已有兩屆立委經驗的對手何欣純，唯一的優勢便是在原有的自媒體基礎上多加經營，並

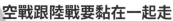

莊子富

中國國民黨提名

1971 年出生，台中市人

美國夏威夷太平洋大學企業管理系及市場行銷管理系學士雙主修

現任台中廣播電台總經理、台中廣播 DJ，美國市場行銷雜誌創社副總編輯，國立台灣體育運動大學講師，台中亞哥花園總財務長

台中市第七選區
大里、太平

透過勤走基層，在現實生活中與鄉親培養感情。

除了在臉書粉絲專頁發布新政、對時事的見解之外，莊子富也希望在嚴肅議題之外，用相對輕鬆的面向切入民眾生活，進而獲得選民的認同及支持。為此，他在 YouTube 頻道上，開拓了體驗各行各業甘苦的系列影片【子富有約】、專為年輕父母打造的英文教學影片【小富哥哥學英文】，以及挖掘大里、太平在地美食與必去景點的【小富哥哥來七桃】。

「我 cosplay 寶可夢的反派角色『小次郎』，並訪問專業的 cosplay 老師的這部影片，獲得了熱烈的迴響！這部影片除了犧牲色相外，也讓大家了解到不同世代的看法。」莊子富強調，在當地經營十幾年的立委何欣純，已在台中屯區紮根基層多年，因此他深知，要成功在短期內，以不花錢的方式衝高粉絲人數的唯一方法，就是要將空軍與陸軍相互結合，「這時候選擇一種有趣的方式來切入，就非常重要！」

網路聲量固然重要，然而對於區域立委來說，能否將粉絲數字化為有效選票，才是勝選關鍵。

「我的臉書粉絲專頁有 80% 是大台中市民，未來我們將透過實地走訪，請民眾掃碼加入 LINE 群組，如此一來將可確保大里、太平的選民們，都被納入空軍版圖裡。」莊子富說，距離選舉只剩十天，因此臉書粉絲專頁的追蹤人數，不會是他關注的重點，如何吸引把希望寄託在他身上、會將選票投給他的選民，才是現在必須花費心力做的事情，「我們要找的從來都是『鐵粉』，而不是『虛粉』！」

### 前三屆參選人得票率分析

資料來源：中選會

| | | | | |
| --- | --- | --- | --- | --- |
| 第7屆<br>台中縣<br>第三選區 | 江連福 | 中國國民黨提名 | 75,563 | 54.95% |
| | 簡肇棟 | 民主進步黨提名 | 61,927 | 45.04% |
| 第7屆<br>台中縣<br>第三選區<br>缺額補選 | 余文欽 | 中國國民黨提名 | 51,776 | 44.98% |
| | 簡肇棟 | 民主進步黨提名 | 63,335 | 55.02% |
| 第8屆<br>台中市<br>第七選區 | 何欣純 | 民主進步黨提名 | 101,006 | 50.30% |
| | 鄭麗文 | 中國國民黨提名 | 92,369 | 46.00% |
| 第9屆<br>台中市<br>第七選區 | 何欣純 | 民主進步黨提名 | 119,098 | 63.07% |
| | 賴義鍠 | 中國國民黨提名 | 66,181 | 35.04% |

而不是「虛粉」！
我們要找的從來都是「鐵粉」，

### 民眾對臉書的關注度下滑，LINE@ 成為新戰場！

　　觀察到近來 40 歲以下的民眾普遍對於臉書的關注度下滑，莊子富將空軍戰場的主力放在 LINE@ 的經營上，除了每天在 LINE@ 上面以「每日精選新聞」固定和訂閱民眾互動之外，他還出了自己的個人 Q 版貼圖，試圖透過日常生活用語，拉近與民眾的距離。

　　莊子富認為，在資訊爆炸的時代裡，很多人都是透過臉書來吸收新知或時事，然而就傳遞即時資訊的功用來看，LINE@ 會具備較好的效

莊子富邀請 Cosplay 界講師級玩家胡晏齡，一同打扮成寶可夢反派角色。

果，因為 LINE@ 可以在最短的時間內，將即時新聞以及新資訊，精準的傳遞給選民，進而將民眾導流到臉書以及 YouTube 頻道上，「身為社群經營者，最重要的就是精準鎖定你的目標受眾（Target Audience，TA）！」

## 過往媒體經驗是優點也是缺點

擁有 20 多年廣播經歷的莊子富坦言，媒體人的身份的確讓他更懂得如何經營社群媒體，除了知道 TA 在哪裡之外，也更知道要講多久、講什麼民眾才會聽得進去，「但這同時也是缺點，因為有時候我們會太在乎大家的反應，反而忘記把自己的政見表達完整。」

另外，他也不諱言的說，自己畢竟是政治素人，政治有政治的語言，踏上從政之路後，許多談話內容必然會牽涉到政治議題，這也讓他在經營自媒體時更加小心，也更盡心盡力。

而選對工具來經營社群，對於打選戰來說，亦是至關重要的關鍵！由於現在網路社群種類眾多，每一個平台、每一種傳播形式也都大不相同，因此莊子富也找來年輕團隊，幫他打理臉書粉絲專頁、LINE@、YouTube 頻道等不同社群媒體，分析哪種資訊應該發布在哪個平台上。

除了現有社群平台外，莊子富也強調，必須透過直播來拓展受眾，希望透過更多元、有趣的形式，來吸引更多大里、太平的鄉親，甚至改變大眾對於國民黨傳統的刻板印象。

「我會不斷在空軍方面勤打議題，在陸軍方面勤跑基層。這次要打的是經濟牌，不再是政治牌，希望讓『大里太平富起來』，讓大家都能過上好日子！」莊子富表示。

張詠晴／文

# 黃馨慧

## 力圖翻轉台中西南屯區
## 憑藉陸空並行的兩棲戰略，
## 六屆議會女戰將出征國會！

撥亂反正
人民幸福
黃馨慧

「如果有上輩子，我大概是一名女戰將吧！因為不管在議會，還是立委選舉，我都是連年征戰！」台中市第四選區（西屯區、南屯區）立委參選人黃馨慧強調。

因為在市議會中問政犀利，致力於打貪揭弊，黃馨慧向來被稱為「議會俠女」。她正義感十足，若路見不平，拔刀就要說。已經連任六屆市議員的她，因嫻熟市政、教育、交通、勞工、警政、水利及建設等，多年來為地方基層服務不遺餘力，而廣獲鄉親好評，也因為長期參與婦女團體及公益活動，勇於為弱勢發聲，並力促保護家暴婦女，而得到了不少台中市婦女的支持。

黃馨慧以堅毅女性的形象，挾地方優勢及專業問政能力而來，著實為台中市第四選區立委選舉帶來了新氣象，同時也為此區的選情加溫。

2012年，國民黨蔡錦隆以51.11％得票率，勝過民進黨張廖萬堅，然而2016年，卻被張廖萬堅翻盤，以52.77％得票率勝出，在兩次選舉中，兩位參選人的差距甚微，足見該選區競爭激烈，藍綠呈現五五波局面。

黃馨慧該如何鞏固經營多年的西屯區基本盤，並開拓在南屯區的票源？網路空軍在台中市第四選區，尤為重要。

### 運用網路爭取更多民眾的支持

身為一介俠女，黃馨慧的刀劍長眼，目標明確。除了走訪鄉里以外，她也以理性論調在質詢台問政，在擔任民意代表的日子裡，她談建設、談時事、與執政者抗衡，也發揮監督責任。

談起曾投入的建設，黃馨慧信手拈來，如數家珍，像是督促市府規劃、籌措財源，在西屯區興建圖書館，又或者是大力爭取興建永福派

黃馨慧

中國國民黨提名

1956 年出生，台中市人

逢甲大學經營管理碩士，靜宜大學商學士

台中直轄市第 1～3 屆市議員，台中市第 14～16 屆市議員，台中市婦女會理事長，中華民國婦女會總會第六屆常務理事，台中市體育總會圍棋委員會主任委員

台中市第四選區
西屯區、南屯區

## f 臉書聲量分析

| 建立日期 | 按讚人數 | 追蹤人數 |
| --- | --- | --- |
| 2011.9.6 | 12,972 | 13,076 |

**2019 年最受歡迎貼文：**

### 黃馨慧到場支持《虎哥走唱遊台灣》，並在貼文中呼籲連署公投關阿扁

6650 人按讚 ｜ 228 則留言 ｜ 107 次分享

**2019 年最受歡迎直播／影片：**

### 國民黨總統參選人韓國瑜展開 21 宮廟鐵人行程，到台中參拜南屯萬和宮

1827 人按讚 ｜ 168 次分享 ｜ 5.5 萬次觀看

截至 2019 年 11 月 1 日

出所等，「其實選舉時的陸戰，就是在測試我長期問政的成績單！」

在地經營必不可少，但如何在做事的同時，讓大家都感受得到，又是另一門精妙學問。所以黃馨慧也會將自己經手的案件、問政質詢，以及親自會勘的成果，化為文字或者剪輯成影片，分享至社群媒體，希望讓更多選民知道民意代表能夠做的事，以及她持續努力做的事情。目前黃馨慧的臉書粉絲專頁，擁有 12,972 位粉絲（截至 2019 年 11 月 1 日），每則貼文都能吸引上百、上千人按讚。

而除了臉書粉絲專頁之外，黃馨慧還同時經營了 LINE@、Instagram、YouTube 等其他平台，也會在掃街拜票時，請選民掃 QR Code 加入 LINE@，或是自己的臉書粉絲專頁，希望可以最大化社群網路的影響力，接觸更多選民，並藉由網路，讓更多民眾認識她，知道她確實

善盡了民意代表該有的責任，並同時在地方與中央發揮職能，做好該做的事。

黃馨慧說，自己監督的每一件工程，都有一個故事，在發想、申請、追蹤的過程中，也都有不為人所道的辛苦。

即便多年來滿心熱誠投入服務，黃馨慧搖搖頭，帶點可惜的說道，「但我做這麼多，還是有人不知道。」她緊接著綻開微笑，「你看，這也證明網路真的好重要欸！」

### 前三屆參選人得票率分析

資料來源：中選會

| | | | | |
| --- | --- | --- | --- | --- |
| 第 7 屆 台中市 第一選區 | 蔡錦隆 | 中國國民黨提名 | 84,664 | 61.29% |
| | 蔡明憲 | 民主進步黨提名 | 53,471 | 38.70% |
| 第 8 屆 台中市 第四選區 | 張廖萬堅 | 民主進步黨提名 | 92,213 | 46.33% |
| | 蔡錦隆 | 中國國民黨提名 | 101,702 | 51.10% |
| 第 9 屆 台中市第 四選區 | 張廖萬堅 | 民主進步黨提名 | 100,649 | 52.77% |
| | 蔡錦隆 | 中國國民黨提名 | 70,124 | 36.76% |

直播就會有很大效果！
掌握得恰到好處，
如果在議題、表達方式跟時間性上

## 強硬形象之外，真實生活中的俠女是這樣

　　由於平時問政犀利，黃馨慧說，大家或許很習慣看見她在電視上、質詢台上的強硬形象，所以偶爾也希望透過社群網路，讓大家認識她私底下的另一面。檯面下的黃馨慧，幽默、真實而溫暖。

　　除了 2019 年 11 月國民黨推出「地表最強酬庸王」撲克牌時，與台中市立委參選人莊子富、顏寬恒、江啟臣、李中，五人齊聚黃馨慧競選總部，共同開直播，「開箱」介紹撲克牌之外，黃馨慧也曾與國民黨台北市議員羅智強共同開直播，一邊吃西南屯特色小吃，一邊暢談選舉大勢。

　　「選舉時除了要在政策面端出牛肉，我也希望經營一些軟性主題，找一些比較新奇的早餐店或地方小吃，和選民分享在地的美。」她笑著說，透過這樣的活動，一方面能讓民眾看到政治人物私底下的不同面貌，另一方面也可以藉由自己跟團隊的宣傳，讓更多在地美食、文化被看見。黃馨慧也跟朱立倫合體，並邀請立委、議員，甚至是總統候選人，一同合作拍攝影片，藉由互相拉抬，來創造話題，進而拉近與選民距離。

　　從 2011 年便開始經營臉書的黃馨慧說，除了臉書貼文之外，直播是一個更需要被精準掌握的傳播方式，她是這麼想的，「如果在議題、表達方式跟時間性上，掌握得恰到好處，直播就會有很大效果！」

　　現今打選戰方式多元，這也讓政治人物與網

如果有上輩子，
我大概是一名女戰將吧！
因為不管在議會，還是立委選舉，
我都是連年征戰！

黃馨慧向民眾直播介紹在地美食「成功陳臭豆腐」，有很大迴響。

紅的合作蔚為潮流，黃馨慧說，其實自己很能接受新想法，並不排斥與知名網紅連線，帶來粉絲互導的效果，「但是重點要回到，在這次合作之後，有沒有機會讓別人對你留下好印象，進而關注你。從另一方面，我也會思考，這樣做是不是真的能讓民眾看到參選人的內涵呢？」

### 所謂理解民意，即是與選民對話

所謂理解民意，從來不是一氣呵成的直線，而是迴環往復的對話。這也是為什麼，黃馨慧特別重視與粉絲的互動及溝通，往往都是在整天的行程結束之後，還是會盡量看過並回覆臉書粉絲專頁的每一則留言及私訊。她提高了些音量說，「這是空戰中很重要的一環！藉由網路，我可以用各種方式來呈現理念，更可以理解選民的訴求。」

黃馨慧的善解人意與溫暖，除了獲得了當地選民的認可之外，當然也招來了不喜她言論的攻擊者。一對於惡意留言，向來問政風格辛辣的黃馨慧，選擇笑笑看待，也總是盡量以溫和方式，來應對負面言論，「怕熱就不要進廚房，我認為人坐得正就不用怕！」她說，自己並不是怕戰，而是希望將時間跟資源做最有效的運用。

從市議會裡叱吒風雲的俠女，到如今爭取進入國會的區域立委參選人，黃馨慧說，未來唯一會改變的，只會是職位，絕不會是她一直以來想要為民眾爭取權益的初心。

張詠晴／文

# 必勝南台灣

南台灣一定「綠大於藍」嗎？經過 2018 年九合一大選，包括雲林縣、嘉義市、高雄市，國民黨全都成功翻盤。

當 700 萬人口，不再是鐵板釘釘的死忠深綠粉絲時，台北市長柯文哲的頻繁走訪，以及鴻海創辦人郭台銘的感恩活動，都確實引人遐想。

藍綠勢力消長，以及台灣民眾黨的分食，加上各方網軍的肆虐縱橫，都讓南台灣的選情，越來越詭譎多變！也確實不再是政論名嘴口中，絕對「一片綠油油」的地方了。

高雄市變天後選情更顯詭譎！
選民討厭國民黨還是民進黨？

# 蔡易餘

## 成功轉化失言風波為空戰優勢
## 「靈活の胖子」臉書粉專，
## 南台灣不能只靠肉搏戰！

「網路空軍是一種加分，會在陸軍走動時更好去推銷！」積極爭取連任的嘉義縣第一選區（水上、太保、鹿草、六腳、朴子、布袋、東石、義竹，通常簡稱為「海區」）立委蔡易餘，如此說道。

過去，蔡易餘便熱愛在臉書粉絲專頁發表言論，也曾因幾度口快失言，而受到輿論撻伐。走過失言風波，蔡易餘更加重視網路的重要性，除了已組織了一個年輕團隊，幫助他打理空軍戰場外，也不斷地透過打議題、跟上時勢，以及使用輕鬆活潑的語彙，試圖打進年輕人的心。

像是他於 2019 年過年期間，推出的「妙餘如豬、為民喉舌」看板，以及競選標語「專業の立委 靈活の胖子」，就成功引發選民的熱烈討論。蔡英文總統甚至還在走訪嘉義的活動中，引用蔡易餘的標語，稱讚蔡易餘是「靈活の胖子」，年輕有為，值得鄉親支持。

目前蔡易餘的臉書粉絲專頁，有 5 萬多人按讚（截至 2019 年 11 月 1 日），除了在線下勤跑基層之外，蔡易餘認為，經營好空軍戰場，可以幫助政治人物接觸到原來不能接觸的選民，「因為一天可以接觸到的人畢竟有限，但認真經營網路，一天就能吸引幾千人跟你互動！」

## 空軍是陸軍的一環

從踢瓶蓋挑戰、中秋節歌唱大賽，到「立委交換禮物大亂鬥」，蔡易餘的臉書粉絲專頁上，除有為地方爭取建設經費、宣導新政策等資訊外，也不乏輕鬆、有趣的內容。而這些內容也總能引來群眾的目光，並吸引近千人按讚，成功掀起討論。

「空軍的影響力越來越大！」蔡易餘說，嘉義縣海區的人口組成，以高齡者居多，因此他

蔡易餘

**民主進步黨提名**

1981 年出生，嘉義縣布袋鎮新塭人

台灣大學財經法律學系畢業，台灣大學農學院生傳所碩士班

現任嘉義縣第一選區立法委員，萬國法律事務所律師，小英教育基金會顧問，民主進步黨中央評議委員，民主進步黨嘉義縣黨部主委

嘉義縣第一選區
水上、太保、鹿草、六腳、朴子、布袋、東石、義竹

**f 臉書聲量分析**

| 建立日期 | 按讚人數 | 追蹤人數 |
| --- | --- | --- |
| **2014.2.9** | **52,402** | **52,002** |

**2019 年最受歡迎貼文：**

**蔡易餘邀請紙風車劇團，於嘉義縣朴子市，演出「蕃薯森林奇遇記」**

**3479** 人按讚 ｜ **70** 則留言 ｜ **129** 次分享

**2019 年最受歡迎直播／影片：**

**蔡易餘針對水上鄉水上鐵路立體化、水上都市計畫等議題，在立法院總質詢**

**778** 人按讚 ｜ **23** 次分享 ｜ **1.9 萬**次觀看

截至 2019 年 11 月 1 日

會將打選戰的主力，放在陸軍戰場，透過參與在地活動、勤跑基層，來更貼近鄉親，但這並不代表對他而言，空軍戰場就不重要，「我認為網路空軍操作，是陸軍當中很重要的一環。」

蔡易餘指出，雖然每一個參選人，都必須面對能否將按讚數，成功轉化為得票率的問題，但對他來說，善用網路這個方便的工具，對於打選戰來說，仍具備一定的加分效果。透過網路，他不但可以跟鄉親天天互動，選民也會因為有關注他的粉絲專頁，而知道他每一天跑了哪些行程、瞭解他關心的議題，以及看到他真正在做的事情。

## 把 LINE @作為「陸軍戰場的延伸」

有在經營臉書粉絲專頁的人想必很清楚，如果你的粉絲團沒有下廣告，也沒有被粉絲設為「搶先看」，那麼粉絲與你的互動勢必不會這麼熱烈，因為使用者大多是被動在接收資訊的。

觀察到使用臉書粉絲專頁、Instagram 的用戶，很難對於社群經營者產生「認同感」，蔡易餘決定在粉絲專頁之外，開闢另一片空軍戰場，將 LINE 群組打造為一個能和選民們互動、相互交流的平台。

目前包括 LINE @、蔡易餘私人的 LINE，都已經被加入了上百個 LINE 群組中，其中除了有嘉義當地社區的群組，也有來自公廟相關人員的群組，甚至是粉絲們所創立的群組。而這些群組一個拉一個，為蔡易餘串起了綿密的資訊

### 前三屆參選人得票率分析
資料來源：中選會

| | | | | |
| --- | --- | --- | --- | --- |
| 第 7 屆 | 蔡啟芳 | 民主進步黨提名 | 55,860 | 42.52% |
| | 翁重鈞 | 中國國民黨提名 | 75,489 | 57.47% |
| 第 8 屆 | 蔡易餘 | 民主進步黨提名 | 72,586 | 49.69% |
| | 翁重鈞 | 中國國民黨提名 | 73,481 | 50.30% |
| 第 9 屆 | 蔡易餘 | 民主進步黨提名 | 72,469 | 52.96% |
| | 林江釧 | 中國國民黨提名 | 62,176 | 45.43% |

蔡易餘與立委陳明文，邀請交通部長林佳龍，到嘉義進行水上高架化替代方案會議。

網，讓他可以擁有更多渠道來傳遞訊息。

而除了每天在 LINE 群組上面，和大家做問候、分享在地生活、問政資訊，以及嘉義的大小事，並固定和訂閱民眾互動之外，蔡易餘還出了自己的個人 Q 版貼圖，試圖透過日常生活用語，拉近與民眾的距離。

相較於臉書粉絲專頁，蔡易餘在 LINE 上面的經營，也更偏重在地方議題、服務鄉里方面。

「LINE 對我來說，是更加強化了陸軍這塊！」對於蔡易餘來說，他在陸軍戰場所做的努力，因為有了 LINE 這個工具，而被更加放大、延伸，也因而產生了更多更廣的影響。

## 年輕團隊負責打理空軍戰場

由於現在網路社群種類繁多，每一個平台也都擁有不同特性，因此蔡易餘也擁有一個年輕團隊，來幫他打理 Facebook、Instagram 及 LINE 等社群媒體。

為了避免蔡易餘因「想到什麼就 PO 什麼」，而帶來不必要的麻煩，蔡易餘的小編們除了時常為社群媒體之題材的發想，進行腦力激盪外，也與蔡易餘約法三章，禁止他作「立即性的 PO 文」。蔡易餘笑稱，「現在我的個人臉書被禁止使用，只能轉貼粉絲團文章或是回覆粉絲的留言，一點都沒有『網路人權』！」

蔡易餘會同農委會主委陳吉仲、漁業署等相關單位，到嘉義義竹鄉新店養殖專區，和漁民面對面座談，傾聽基層聲音。

蔡易餘的助理補充，之所以有這樣的決議，其實是因為現在假訊息太多，希望經由助理們協助，確認好資訊的真假後，再透過粉絲團 PO 文，進而將過去只關注委員個人臉書的粉絲，導流到現在的粉絲專頁來；另一方面，也是希望藉由這樣的機制，減少蔡易餘的業務量，強制他休息。

### 舉辦手遊電競比賽，吸引年輕人目光！

即便在 LINE 與臉書粉絲專頁上經營有成，蔡易餘坦言，近來他在網路經營上，始終衝不破現有瓶頸，雖然他也曾試圖透過直播、影片等多元方式，觸及更多民眾，但仍達不到預期效果。

為了在空軍戰場力求突破，蔡易餘還要在嘉義舉辦手遊電競比賽，希望能透過活動帶動流量，並且藉由舉辦這項活動，吸引在外地求學、工作的年輕人的目光，進而將龐大年輕選民，納入空軍觸及的範圍中。

### 勝選要靠「肉搏戰」，也要靠空軍加分！

即便蔡易餘自上屆當選後，便在深耕地方基層上不遺餘力，其在網路上的活潑形象，也讓他成功拉近與年輕世代的距離。然而面對國民黨提名的對手王啟澧，蔡易餘不敢大意，除了持續經營網路媒體外，他也力求基層「跑好跑滿」。他認為要勝選既要靠「肉搏戰」，也要靠空軍加分！

談及在這次選舉中，其所具備的優勢時，蔡易餘目光堅定地說道，「在空軍方面，我認為我的討論度會比對手高，而陸軍方面，就是雙方互相要『拼輸贏』的時候了，不過因為我這幾年一直勤跑基層，所以我有信心！」

張詠晴／文

# 王定宇

## 全台第一高票立委拚連任！憑24萬跨平台「虛擬茶友」制霸古都選區

從臉書粉絲專頁、Instagram 到 LINE@，從發布文字到圖片、影音、直播，社群網路平台的影響力越來越大，「網路」對於政治人物來說，已經成為不可或缺的曝光及交流管道。

台南市第六選區（東區、仁德區、歸仁區、關廟區、龍崎區）的現任立法委員王定宇，在臉書粉絲專頁上擁有超過 24 萬按讚人數，光是從他一天少則 4 篇，多則 6 篇的發文頻率，可以看得出他是一個懂得擁抱新工具、新方法，並且積極藉此經營自己的「重度使用者」。

現在許多政治人物幾乎都招募整個團隊來打理空軍戰場，包括小編發文、影音剪輯、圖片後製、開直播，但意外的是，王定宇這位社群重度使用者，所有的東西都是一手包辦。

「我不需要小編，只有透過自己的操作及處理，互動才是最即時且真實的。」王定宇認為。

2016 年，王定宇代表民進黨參選第九屆立委選舉，最終以超過 15 萬票、72.05% 的高得票率，獲得壓倒性勝利，而他也成為該屆選舉中的「全國第一高票」。

能得到這樣的支持率，並非偶然。

### 社群就是虛擬茶桌，要以「朋友」身份打進粉絲

除了為民喉舌、監督立法等本業之外，王定宇經營社群很有一套自己的方法。過去沒有網路的時代，民意代表要傳遞訊息、散播想法，都是在廟口泡茶找人聊天。而當時的茶桌正是現在的社群，差別在於以前不可能同時跟很多人一起聊天、建立感情，但透過網路時代，一天要接觸上千，甚至上萬人都不是問題。

王定宇形容，老一輩的政治人物會到處走訪鄉里來了解民意，新一代的政治人物懂得用臉

王定宇

民主進步黨提名

1969 年出生，桃園人

國立成功大學外文系、國立成功大學企管碩
士、國立台北大學企管博士

現任第九屆立法委員、台南市議會第 15~16
屆議員、台南直轄市第 1 屆市議員、台南市
議會教育委員會召集人

台南市第六選區
東區、仁德區、歸仁區、
關廟區、龍崎區

## 臉書聲量分析

| 建立日期 | 按讚人數 | 追蹤人數 |
| --- | --- | --- |
| 2009.9.28 | 248,674 | 241,064 |

2019 年最受歡迎貼文：

### 王定宇陪同總統蔡英文到奇美幸福工廠，品嘗奇美食品美食

1.3 萬人按讚 ｜ 526 則留言 ｜ 139 次分享

2019 年最受歡迎直播／影片：

### 以 2015 年世界 12 強棒球賽台灣對上古巴的精神，比喻 2020 年民進黨選情

2 萬人按讚 ｜ 927 次分享 ｜ 65 萬次觀看

截至 2019 年 11 月 1 日

書粉絲專頁與人互動，這種舊方法與新方法的PK，就像是坦克車對上砲塔一樣，還留在砲塔的人一定會被坦克車消滅掉，這是早晚的事。

所以他在臉書粉絲專頁的發文大致分為三大類，第一類為全國性議題、第二類為純粹分享美食或歌曲的輕鬆聊天，第三類則是分享地方建設或勘查議題。他以一個「朋友」的身份，不停地分享自己的工作、娛樂，以及對時事議題的看法。

當然，這 24 萬的粉絲並不只有台南選區中的人，該如何讓非選區的「朋友」幫助到王定宇，關鍵就在於「果核＋果肉」的相乘道理。

每天與粉絲分享議題、生活、工作的過程是累積的，「讓大家對我在做的事有感，並且讓核心選民感覺我是值得被推薦的。到了選舉的時候，外縣市的人還會幫我跟當地人催票，因為他們都是我的朋友。」王定宇說。

## 懂得分享很重要，打得「精準」更關鍵

粉絲分很多種，有無條件按讚者、愛發表評論者，也有特定議題才會浮出水面的人。王定宇的辦公室團隊中，有一組人專門透過機器人，過濾臉書粉絲專頁中，常常留言互動的人，以及他們所在的區域。

所以透過過濾名單，可以知道每個粉絲的習性、喜好，每當有相關議題的座談會或演講時，機器人就會寄信給他，並且變成一對一的聯絡。這樣長年累積的資料，都會成為有效名單。

### 前三屆參選人得票率分析

資料來源：中選會

| | | | | |
| --- | --- | --- | --- | --- |
| 第 7 屆 台南縣 第三選區 | 吳健保 | 中國國民黨提名 | 76,285 | 47.33% |
| | 李俊毅 | 民主進步黨提名 | 84,873 | 52.66% |
| 第 8 屆 台南市 第五選區 | 陳唐山 | 民主進步黨提名 | 120,401 | 52.23% |
| | 李全教 | 中國國民黨提名 | 106,619 | 46.25% |
| 第 9 屆 台南市 第五選區 | 王定宇 | 民主進步黨提名 | 153,553 | 72.04% |
| | 林易煌 | 中國國民黨提名 | 51,742 | 24.27% |

王定宇陪同總統蔡英文到奇美幸福工廠，深入了解南部企業發展現況。

但累積的情感是無法速成的。新的工具可以用錢、科技來補

## 數據流的分析

除了過濾互動性強的粉絲，王定宇還在研究一種「大數據流動」的新分析方法。為了更精準打到粉絲及選民，可以搜集每個手機的訊號，來分析這場活動是不是有重複動員、本地及外地人佔比、每支手機的移動路線等。

透過這樣的數據分析，就可以牽扯到選舉時的廣告看板適合設在哪裡、幾點應該在哪條路拜票最有效，掌握到這些資訊在宣傳的精準度，以及費用的節省上就差非常多。

有人一定會質疑，這樣不會牽扯到隱私問題嗎？王定宇提出的這個新方法只能知道每個手機的訊號及位置，無法知道手機的主人是誰。不過他也強調，新方法有法律不允許的地方，就不要去碰；但法律允許去弄的，就應積極發展，發揮到淋漓盡致。

因為這是一個典範轉移、全新思維，它並不會取代臉書粉絲專頁、Instagram、YouTube或 LINE@，反而是去幫助這些工具更精準打到使用者。雖然「大數據流動」分析方法仍在研究階段，但王定宇斷言，誰能掌握到數據流分析，選舉戰力將會從以前的三零步槍提升到 M16 突擊步槍，空軍戰爭會變得更有意思，而這也將會在 2022 年縣市長選舉中，成為一項關鍵方法！

## 新工具＋精準度＋情感累積＋內容物

政治人物學會了以新工具和選民互動、打選戰，並利用新方法精準所有目標對象，最後最重要的就是情感累積及內容物了。因為新方法只有跑得快慢的差別，時代一直在推進，方法會被學去，所以除了要在過程中紮實累積情感之外，更應該要精進內容，不然一定會被超越。

就以國民黨的總統初選為例，根據國民黨總統初選民調結果，高雄市長韓國瑜支持度為 44.805%，以約 17 個百分點，勝過鴻海創辦人

王定宇要為仁德虎山國小，解決自來水供應管線問題。

王定宇在仁德中洲參加「鐵馬樂農遊」，沿著二仁溪堤岸前行。

互動才是最即時且真實的。

只有透過自己的操作及處理，

我不需要小編，

郭台銘的 27.730%。

王定宇分析，韓國瑜粉絲夠多，他的粉絲會想盡辦法幫他將所有新媒介、新社群都摸到；郭台銘則是在三個月內，將全部的新工具與新平台全部搞定。

但為什麼郭台銘還是輸了？

關鍵在於「情感」。工具性的新可以用錢、科技來補足，但累積的情感是無法速成的。畢竟郭台銘只有三個月的時間可以準備，要讓大家改變他過去的企業家印象沒那麼容易，但王定宇認為，如果再給郭台銘三個月的時間，他一定會贏韓國瑜。

## 計畫製作系列直播節目

除了經營有成的臉書粉絲專頁，王定宇也計畫在有餘力的時候，製作系列直播節目。初步構想是在自家廚房進行「邪惡食堂」，透過分享自己煮的食物或台南美食，來呼應並搭配時事或政治話題。

不過王定宇相當清楚自己的本業是立法者，經營社群、開直播節目的目的，都是要幫助自身工作的交流與訊息傳遞。所以他也希望，能利用這些新工具，以有趣、活潑的方式跟立法做結合，達到雙贏效果。 何渝婷／文

# 黃韻涵

## 要以滿腔熱情為高雄覓得新路
## 國民黨最年輕參選人擁抱「政二代」身份，
## 獲郭台銘站台力挺！

鴻海創辦人郭台銘在 2019 年 10 月 20 日，於高雄舉辦第二場感恩見面會，並宣布國民黨籍立委提名參選人黃韻涵，將加入「郭家軍」！她將在高雄市第二選區（岡山、橋頭、梓官、彌陀、永安、路竹、湖內與茄萣），二度挑戰現任民進黨立委邱志偉。

消息一出，隨即在網路上引發正反論戰。由於過去黃韻涵母親，也就是高雄市議會副議長陸淑美，曾於國民黨內初選時，公開表態支持郭台銘，但最後國民黨由韓國瑜出線參選。黃韻涵成功獲得國民黨提名，成為高雄市第二選區立委參選人後，她究竟是挺韓還是挺郭？輿論對於黃韻涵立場確實多所猜測，更質疑其是「腳踏兩條船」。

「只要韓國瑜是國民黨推出的參選人，我就是支持韓國瑜的！」黃韻涵站在火線上篤定的說，她支持由國民黨提名的總統參選人。

事實上，無論是在 2016 年受黨徵召初探政壇，以 5 萬多票之差，敗給尋求連任的民進黨立委邱志偉之時，或是如今捲土重來，再度力拼高雄第二選區立委選舉，黃韻涵身上的標籤，從未減少過。

政二代、副議長之女、力拼復仇的國民黨立委參選人、郭台銘力挺的第二位正牌郭家軍，黃韻涵也總是因為這些標籤，而被媒體反覆提及，但「黃韻涵」三個字，好似鮮少單獨出現。

「我希望打完這場選戰，大家會記得我是黃韻涵，而不只是陸淑美的女兒。」外界的挪揄很多，但黃韻涵從未停止以她一貫的灑脫以及俠女風範，在自己選擇的道路上，好好走下去。

既然包袱很多，標籤也總是撕不完，就任由他們去吧。

對黃韻涵的印象，多半是外型亮麗、溫婉可

黃韻涵

中國國民黨提名

1984 年出生，高雄市岡山人

美國德州休士頓大學金融學系學士，義守大學 EMBA

中國國民黨全國青工總會副總會長，高雄青工會副總會長，大崗山國際青年商會常務監事，國民黨高雄市委員會副主委

高雄市第二選區
岡山、橋頭、梓官、彌陀、永安、路竹、湖內、茄萣

## 臉書聲量分析

| 建立日期 | 按讚人數 | 追蹤人數 |
|---|---|---|
| 2015.7.18 | 16,088 | 16,063 |

**2019 年最受歡迎貼文：**

### 黃韻涵發自拍照強調：「高雄可以更美」

2691 人按讚 ｜ 248 則留言 ｜ 40 次分享

**2019 年最受歡迎直播／影片：**

### 快問快答，什麼！？韻涵的初戀竟然是在 …

727 人按讚 ｜ 39 次分享 ｜ 2 萬次觀看

截至 2019 年 11 月 1 日

人，但專訪那天，她說話沒有彎彎繞繞，也沒有華麗辭藻！條理分明的話語外，滿滿都是對未來願景的堅定。

「好希望可以透過這次選舉改變一些事！因為我真心相信台灣是寶島，但台灣經濟一定要更好，才能真正在國際擁有話語權。」黃韻涵眼底有藏不住的滿腔熱血與赤誠，她的心之所向，讓跟隨者也跟著明亮。

黃韻涵說，身為國民黨提名的立委參選人，她當然支持韓國瑜，但此次選舉能受到重量級企業家郭台銘的推薦，她也感到很榮幸，並且打從心底佩服郭台銘這位創業家！為了獲得多數選票勝選，並且完成她希望能為故鄉高雄，乃至整個中華民國做到的事，任何派系要支持她，她都是舉雙手贊成。

之所以會這麼說，是因為 2016 年的那場立委選舉，讓她深深體會到，知名度與政治實力同樣重要。因為若是大家不認識參選人，那麼所有努力與建樹，就難以被看見。因此這一次，

除了繼續握緊每雙手，並繼續拜訪鄉親之外，她也要用網路空軍帶來的強大傳播效率，讓更多人認識她、肯定她做的努力，進而真正對於這塊土地做出貢獻。

## 我從沒想過會再投入選舉

「我從來沒有想過，四年後，我還會再投入選舉！」黃韻涵說，因為自己在當地經營多年，又對於執政黨感到十分憤怒，所以毅然決然投入這場戰役中。一例一休等政策陸續上路，造成高雄各地的中小型製造業，都難以承受成本的

### 前三屆參選人得票率分析　　　資料來源：中選會

| | | | | |
|---|---|---|---|---|
| 第 7 屆 | 林益世 | 中國國民黨提名 | 84,659 | 55.27% |
| | 余政憲 | 民主進步黨提名 | 65,257 | 42.60% |
| 第 8 屆 | 林益世 | 中國國民黨提名 | 92,902 | 48.38% |
| | 邱志偉 | 民主進步黨提名 | 96,818 | 50.42% |
| 第 9 屆 | 邱志偉 | 民主進步黨提名 | 110,819 | 63.23% |
| | 黃韻涵 | 中國國民黨提名 | 61,186 | 34.91% |

有好多想法都想要試試看！
我對於高雄、台灣這塊土地，

進入國會,為家鄉貢獻,
為中華民國拼經濟
黃韻涵

上揚，黃韻涵語氣加重了幾分說，「單單 2019 年在我的選區，就倒了 15 家工廠！其中以螺絲產業佔多數！」

對於經濟情勢異常敏銳的黃韻涵來說，很多不合理的政策，都可以被她很快找到重點與解方，這也讓她一直都在找尋一種改變家鄉現狀的方式，希望為高雄覓得新路。

上屆立委落選後，她學會自己透過各種途徑，把不足的知識補齊，學會勤於在地方蹲點深耕，也更清楚了地方代表跟立委的責任，甚至，她還為了讓更多人記得她、記得她正在為家鄉做

的事，而將臉書粉絲專頁、LINE@ 經營得有聲有色。

決定要再次參選，首先必須面對的，是家人的不諒解。

「其實我下決定時，家人與朋友並不是那麼看好，媽媽也說我其實有年紀了，可以先把自己的工作發展好，但我還是想要衝一次，所以我勸了他們三天，他們才終於願意全力支持我！」黃韻涵說，家人的支持至關重要，她也很感謝媽媽的團隊全力支持，也是因為支持者眾，才能撐起這一次的選舉。

「打選戰真的很累，尤其對於『一人打選戰，全家來服務』的我們家來說，打選戰就是意味著，你又不能休息了。」看似在開玩笑，黃韻涵的眼神卻很堅定。

對於政治世家來說，無論是選舉的人或者輔選的人，只要有人宣布參選，無疑就是將全家是推上了奔波勞苦的戰場。但黃韻涵想為高雄做的事，還是成為了動能，讓她願意一次又一次地，甘於投入其中。

## 吸引年輕人回鄉投票，是我最大的挑戰！

跟四年前什麼都不懂、一句台語都不會說、剛從美國回台便接受國民黨的徵召投入選戰的自己相比，黃韻涵說，自己在這四年間成長了許多，也因為當時的選舉經驗，讓她意識到了網路作為有效推銷自己之工具的重要性。

為此，即便當年落選，黃韻涵仍舊在敗選後，繼續在地方服務、參加青工會、並持續經營空軍這塊戰場。她也會將自己對時事的看法、對於家鄉建設的規劃等，整理好貼到臉書粉絲專頁上，與在地鄉親分享她是以何種方式在高雄打拼，並以何種方式關心台灣這片土地。

目前黃韻涵的臉書粉絲專頁擁有 16,088 人按讚（截至 2019 年 11 月 1 日），每篇貼文都有上百、上千人按讚。她也時常在臉書粉絲專頁和粉絲分享生活，所有照片與文字，都是她覺得有趣的、有溫度的。

「其實，我很不會自拍，」聽見外型亮麗的黃韻涵這麼說，讓我們有些意外，「但投入選戰後，我都會被團隊要求要提供素材，他們都追著要我的照片！」她哈哈大笑地說。

除了持續透過貼文與選民交流外，黃韻涵也時常在臉書上透過拍影片、開直播等方式，與選民互動，像是「快問快答」系列影片，便受到廣泛關注，在短短時間內，觀看次數便突破 2 萬（截至 2019 年 11 月 1 日）。

「這次選舉，怎麼吸引年輕人回鄉投票，將是我最大的挑戰！」縱然高雄市第二選區的選民，以 45 至 70 歲的中老年人口居多，然而像是岡山、路竹、梓官等地區的年輕選民，就佔據了整個選區的 30%，其影響力不容小覷。且今年在高雄第二選區的首投族，接近一萬人，因此如何把握年輕選票，並且緊抓中間選民的心，就會是打贏選戰的關鍵！

為了緊抓年輕選民的心，黃韻涵除了以年輕世代的視角，針對青年就業、在地服務等提出政策，也透過在假日間舉辦演講、座談會，希望吸引假日回家的年輕人的注意力，黃韻涵笑著說，「比起大家乖乖坐好聽妳發表政見，我更希望可以直接跟鄉親講到話，這樣我就可以在喝茶聊天之間，真正知道民眾需求。」

## 擁抱「政二代」身分與背景

決定投入選戰的那一刻，黃韻涵便做好了面對外界非議的所有準備。

即便許多人會認為政二代是一個負面詞彙，但黃韻涵擁抱「政二代」這個身分，不卑不亢。她說，就是因為自己是政二代，所以更知道民意代表該做什麼事情，該犧牲的是什麼，也能更快看見地方的需求，「像是我知道，我媽媽從沒過過母親節跟生日，因為民意代表幾乎必須要 24 小時做服務。」

「我對於高雄、台灣這塊土地，有好多想法都想要試試看，所以絕對會盡力爭取選民認同！」黃韻涵語氣堅定的說。

張詠晴／文

# 管碧玲

## 將臉書粉專定位成論證平台
## 她靠清晰論述，
## 總統親自點名入不分區立委！

不分區立委提名向來是民進黨內各派系必爭之地，而早在 2020 年不分區立委名單還未公布前，關於立法院長蘇嘉全是否繼續留在立法院，以及其姪子蘇震清立委是否列入不分區名單，便引發不小風暴。

外界之所以如此關注民進黨不分區名單，其來有自。2016 年立委選舉時，民進黨共獲得 18 席不分區席次，但 2020 年選舉，一則有 2018 年九合一大選落敗的慘痛經驗，二則有泛綠政黨的成立，恐瓜分票源。因此不少人推測，此次的不分區安全名單預計會減少至 12 至 14 席。這也代表著，民進黨此次提出的不分區立委人選，至關重要。

在人人自危的情況下，卻有一名綠營立委，早早就被納入安全名單中，總統蔡英文甚至早在 2019 年 8 月 10 日，南下高雄參拜文武聖殿時，便代其宣布將爭取不分區立委，最終排在第九名的安全名單中。

這名讓總統甘於為其背書的戰將，是現任高雄市第五選區立法委員管碧玲。

被支持者暱稱為「管媽」的管碧玲，身兼民進黨立院黨團幹事長、民進黨中央常務委員、中央執行委員。1980 年代，管碧玲便征戰街頭運動，她既深耕高雄，也致力於在全台各地提出文化資產研究案或搶救案。

從政幾十年來，她曾擔任高雄市文化局長、新聞處長，也在離開教職後，連任四屆立委。她問政犀利，論述清晰，也從不畏懼針對爭議性議題做釐清，在政治這條路上，她一直是她自己。

一路上當然有謾罵有惡意，但對於管碧玲來說，投入政治服務是一種必須，是未經雕琢也無需設計的理所當然。

約好採訪的那天，管碧玲精神抖擻的走進立

管碧玲

民主進步黨提名

1956 年出生，台中市豐原區人

台灣大學政治學博士

現任高雄市第五選區立法委員，國立台北大學公共行政暨政策學系副教授、高雄市新聞處處長、文化局局長，立法院教育文化委員會、交通委員會、經濟委員會、內政委員會召集委員，立法院民進黨黨團幹事長，民進黨中央黨部政策中心主任，民進黨中央常務委員、中央執行委員

## 臉書聲量分析

| 建立日期 | 按讚人數 | 追蹤人數 |
| --- | --- | --- |
| 2010.10.22 | 103,251 | 102,862 |

**2019 年最受歡迎貼文：**

### 女婿遭「口譯哥」事件牽扯，管碧玲公布與公務員對話，證明自己家風清廉

**1.1 萬**人按讚 ｜ **354** 則留言 ｜ **258** 次分享

**2019 年最受歡迎直播／影片：**

### 2019 年 2 月 6 日，總統蔡英文於高雄武廟，廣發過年紅包

**2313** 人按讚 ｜ **296** 次分享 ｜ **6.6 萬**次觀看

截至 2019 年 11 月 1 日

法院辦公室，她先是簡單問了幾個問題，接著邊微笑邊挺直腰桿，理理衣裳，滿心期待的將目光投向我們，準備說她的故事。資深、問政犀利，也總能緊抓議題做即時分析，這讓管碧玲不僅獲得黨中央的重視，也深受民眾喜愛。談起社會現象，管碧玲既能旁徵博引，更有深入觀察與批判，而在網路時代，管碧玲也懂得運用新興工具的強大傳播能力，持續在現實世界與虛擬世界，為台灣社會帶來能量。

### 將臉書粉絲專頁，定位成論證平台

「網路徹底改變了政治文化，過去由傳統動員連結起來的這群人，不分年齡的被整合進去一個又一個的社群，去交換訊息、詮釋事件。」談起網路時代對於政治的衝擊，管碧玲語重心長地說道，對於政治人物來說，現在的政治介面比過去更為複雜，同時，政治人物也需要面對更大不確定性。

從美國大選、英國脫歐，到台灣 2018 年的九合一選舉，管碧玲在假新聞的猖獗，以及社群媒體的風行中，感受到網路媒體帶來的影響力驚人，但同時，網路媒體帶來的負面效應，也讓她感到憂心。

「藉由網路媒體，將恐懼餵食給民眾的這種操作，讓很多專家提出警告。而我們看到台灣也出現了這種狀況，且方興未艾，這將會是人類民主政治共同面對的挑戰，也是民主是否會倒轉的關鍵！」

有感於社群媒體上的假訊息，已開始對台灣民主進行無聲的滲透，自 2010 年便開始經營臉書粉絲專頁的管碧玲，決定盡一己之力，從自己的臉書粉絲專頁開始做改變。

「我的臉書不是用來做形象包裝，而是定位成一個做論證的平台！」管碧玲這麼說道，字字鏗鏘有力。

透過臉書粉絲專頁，管碧玲總能將對於時事的見解，對於現狀的質疑，輕鬆拆解並重構成

去交換訊息、詮釋事件。
不分年齡的被整合進去一個又一個的社群，
過去由傳統動員連結起來的這群人，
網路徹底改變了政治文化，

蔡英文高雄競選總部成立，管碧玲擔任主委全力力挺「英德配」。

清晰論述，運用合時宜的語彙，在社群網路中，為釐清訊息真實度以及增加對議題的關注度，持續做努力。

目前管碧玲的臉書粉絲專頁，有 10.3 萬人按讚（截至 2019 年 11 月 1 日），幾乎每則貼文，皆可吸引上千人按讚，上百人則留言，具備極高互動率。透過談論全國性議題，管碧玲成功吸引不同族群的關注，粉絲年齡層分布從 25 ～ 64 歲都有，其中 44 歲以下的粉絲比例達 20%。

「從網路操作上來說，當你做出一個路線，能讓選民願意從其中吸取訊息時，那麼這樣的策略就會是有效的。」管碧玲說，由於自己往往會親自將自身見解及分析，組織成為具備邏輯、架構清晰的文字，因此粉絲們會更願意閱讀她的貼文，進而留言、分享。在讀者熱烈迴響的情況下，電視媒體、網路媒體也會更願意引用她的貼文，如此一來，她的臉書貼文便會成為論證手段，讓重要議題得以被關注。

然而即便重視網路經營，對於實體的選民服務，管碧玲並沒有掉以輕心。

## 關於對於選民的責任

在每十年進行一次調整的選區劃分結果出爐後，高雄市受到選區重劃的影響，2020 年的立委席次少一席，管碧玲的選區旗津、鼓山、鹽埕區及三民西區，被分別併入立委李昆澤、趙天麟和賴瑞隆的選區。這也代表管碧玲確定失

去戰場，無法再戰高雄區域立委。

即便自己的選區被一分為三，管碧玲提攜後進不遺餘力，在高雄扮演「小母雞」，盡力為三位參選人輔選，希望為民進黨搶下更多席次。她同時也接下了高雄市競選總部主委一職，為總統蔡英文在高雄的競選活動組織佈局。

選區雖然被合併了，但還是要打這場仗，管碧玲打趣著說，自己常常都在幫候選人做苦工，但她接著說道，2020 年選舉，民進黨在高雄市一定要贏，這也是為什麼全黨都在朝著這個目標努力。

看她展開笑顏，我們知道，因為有了起心動念，所以一切辛苦，都像是甘甜。

「忙是忙，但每週六早上、每週二晚上，這兩個時段我都還是會遵守承諾，在服務處等待選民，希望把握每一個跟地方接觸的時段，我認為這是我的責任。」她說起責任二字，咬字有力，眼神懇切。即便從早到晚都必須為選務奔忙，然而高雄這塊土地，仍被掛記在管碧玲心上。

細數多年來在服務處幫忙解決的各個案件，管碧玲侃侃而談，她說，其實自己也不是一開始就知道怎麼做民代。

「學者從政必須要跨過一些障礙，」管碧玲說，當年一個老人因為法規關係，無法獲得幫助，而黯然走下樓梯的背影，讓她很是傷感，「那天之後我理解了，民眾要的不是我只跟他們說道理，是我無論如何，還要再為他們盡最後一次努力！其實這樣民眾就會接受你，會覺得自己有被重視，自己的聲音有被聽見。」

而這般對於選民的理解，以及做選民服務時發現的苦情，也成為養分，反映在管碧玲後來推行的幾個法案，以及在實體與虛擬世界中，與民眾的溝通方式上。

「很多時候，我認為必須針對我可以幫忙的事物，提供看法，或是介入討論，如此一來，才有辦法找到實質解決方法。」管碧玲說。

## 要與年輕世代產生連結

管碧玲有赤誠之心，也見證過網路之於政治的強大力量，於是相信必須從原點開始改造。除了運用更活潑的方式，在社群媒體與民眾溝通之外，在經營網路的過程中，她同時也意會到了連結年輕世代的重要性。

管碧玲說，光是用減稅、托育補助、同婚立法等政策照顧年輕人，顯然是不夠的，這也是為什麼民進黨選擇在今年提名吳怡農、賴品妤、李問等年輕參選人，並透過貼近年輕人的空軍操作，用多元方式，來聆聽年輕世代的聲音。

而管碧玲同時也觀察到，現在政治人物操作網路的方式活潑且多樣，不僅會跟網紅同台、也時常會用一些特別的語彙及梗圖做為搭配，談到這，她有點不好意思的笑著說，「現在網路語言很有滲透性，很可愛也很跳脫。網路直播需要機智與可愛，所以我的可看性不高。」

「但如果有網紅找我一起直播，我也不排斥啦！」說完管碧玲便豪邁地大笑。

她接著說了，民意如流水，台灣人民主動能旺盛，選民對政治人物的看法亦時常隨議題變動，因此懂得與時俱進，對於政治人物來說，必不可少。

對於實踐政治理想的方式，管碧玲並未設限，她也真心相信，擁抱新科技，用心去傾聽，並持續在對話中增添更多的理解，或許 2020 年，台灣的未來將得以擁有更多的可能性。

張詠晴／文

**許復**

作者許復為英國劍橋大學科技政策碩士，專精歐盟政策研究。曾為新聞主播、互聯網企業公關總監，以及企業家及政治領袖個人品牌顧問及演講教練，並任教於兩岸大學。

" 期許我們的黎明誕生多位高貴的騎士 "

曾因專題研究頻繁往返倫敦與歐盟。有位經常互動的樂齡學者，經常不斷重複一個他老忘記自己已經講過數次的比喻：從政者應有如撐篙行船般的智慧，包含知船客、識水流、觀天候、查環境，如此方能平安順暢地載著一船人向目標駛進。

這樣的形容我是非常感同身受的，在英國就學之際，最有成就的一件事就是學會撐篙行船。平常友人來訪，在學院之間的行船路線平均頂多 20 分鐘，但一週末，校內學者更長相揪的是撐三個小時的船，離開大學城，到鄰近的 Grandchster 小鎮散心。

駛離大學城、進入小鎮之前，有90%的旅程是穿梭在水流複雜、爛泥處處、不見人煙、蛇虺蚊蚋密佈的密林與曠野間。掌篙者只要一念之差就有可能造成災難，比如在水流湍急處把篙卡在泥裡，或者竿子打到上頭的樹枝。這些情況，在暗流洶湧處，更容易造成 50%以上的翻船機率，眾人落水後，又是另一套 SOP，尤其若發生在回程，天色早暗，很多河段是沒有燈的，從溫煦的白天立刻降至低溫，又黑又冷，除了安全之外，一船人的情緒掌握以及共識凝聚也是主揪者的挑戰。

從傳媒與學人視角來看，全球政經板塊位移的當下，互聯網成了「典範轉移」（Paradigm Shift）的猛烈催化劑，資本主義豢養的民主政治也必須迎向時代的方面挑戰，上一個世代在峰頂上悉心建築的「堡壘」，開始有新世代踏下的足跡，不論是扛著炮火、開著裝甲車破門而入，或是舉著燭火之光踩著謹慎的腳步探索古堡內的每一處角落，我都期待他們能期許自己像一個掌篙者或擺渡人一樣的知水、觀天，以及或許是最重要的——深識船客——當你一篙一篙往前划時，這一船子的人，誰餓了、誰倦了、誰冷了，

誰的衣服被水沾濕了，誰會是你累的時候可以接下船篙的人，誰是可以隨時與你談天說地以防你在撐篙行船的過程中打瞌睡的人，滴滴點點，你都要把船上每一寸空氣的顏色、聲音、氣味銘記於心，這就是古人說的「民為邦本」。

欣見 KNOWING 新聞團隊以「網路傳播」與「年輕世代」為核心，在迎向 2020 年台灣總統與立委選舉的前夕，為我們訪談 30 位逐漸在我們的視野中綻放更多光彩的立委候選人，字裡行間展現的不僅是一篇篇精彩的年輕政治家品牌故事，逐章閱讀，更像是展開一卷足以作為全球典範的民主進程畫卷，畫中人物或高舉旗幟、慷慨激昂地對著世界高唱壯志雄心，或娓娓道來般地傾訴衷腸，一眨眼、一回眸，所有的一顰一笑、躍然紙上。每一字、每一句，都是台灣值得珍惜的自由瑰寶，以及讓公共事務者作為謹惕的提醒，包括他們在打選戰時的心念是否與這個時代的需求一致。

此刻我的腦海裡不禁浮現了英國前首相邱吉爾一場經典演講的畫面。二戰爆發之後，德軍先是即刻占領波蘭，納粹鐵蹄接著更向各國一步步逼近，而戰鬥力已遠不如德軍的英國、法國好兄弟聯盟（當時啦）都已極為疲憊，猶如刀俎上的魚肉，等著被兇狠的納粹軍隊一刀砍下。法國首先舉白旗，英國上下不知所措，因為原本連袂並肩作戰的夥伴離開隊伍，等於又向戰敗邁向一步，但邱吉爾當機立斷，他立刻下令全體撤出原本在法國支援的英國軍隊，接著發表了《我們將戰鬥到底》(We Shall Go on to the End) 這場演講，成功鼓舞了軍隊與全國上下的士氣，其中一段他是這麼說的：「我們將在法國（陸地）作戰，我們將在海洋中作戰，我們將以越來越大的信心和越來越強的力量在空中作戰，我們將不惜一切代價保衛本土。我們將在海灘作戰，我們將在敵人的登陸點作戰，我們將在田野和街頭作戰，我們將在山區作戰。我們絕不投降！」

其實這說的也是當今的選戰情景，自街頭巷尾到鍵盤指尖，從輿情掌握到大數據的精算，在這條不得不追求聲量的賽道上，一面又要用堅韌的心念去面對傳媒斷章取義、惡意抹黑，甚至捏造內容的變質文化，參選人或公眾人物光是聰明、有企圖心還不夠，更要擁有一套完整的個人品牌的經營策略，尤其「空戰」部分更是佔據了越來越多的比例，更是當今之勢、未來之勢，不只參選人與幕僚團隊應該用心著墨，選民更有權利、也必須理解更多，才更有可能選出真的與你我、與國家，與這個時代攜手共進的公眾意見領袖。

因此，我們鼓勵年輕人參與公眾事務，但國家的資源、你我的時間，以及這時代的空間也沒有辦法提供太多試錯成本。當一個個展現不同面貌、價值取向的新興政治 IP 人物出現在你我視野到同時，我們督促、鞭策、協助他們在他們選擇的角色上施展才華，我們更有義務督促自己擦亮雙眼，用心去看這一切的喧囂繁華，選擇真正能夠和船上的你我每一個人，以及與湍急的水流，還有晴雨無常的天候並肩而行的掌篙人。

最後，我也以邱吉爾最愛的詩句，為台灣的公共事務新聲量點讚：「每一個黎明都誕生一個美好的時機，而每一次良機也會成就一位高貴的騎士 (Every morn brought forth a noble chance, and every chance brought forth a noble knight)。

# 關於這一代年輕人的勇敢決定

張詠晴

2019年歲末，我聽了不少政治人物說話，談理念，說嚮往，講他們眼中台灣的模樣，也在短短兩個月時間內，針對17位現任立委及立委參選人，投入了採訪與寫作。他們相貌不同，經歷不一，擁有的資源各異，但這些政治人物的初心往往相似，最後他們會用不同的實例去告訴你，不要去怕承載這個時代的重量。

作為台灣的20世代，政治之於我，在過去一直是一個有點冷冰的存在，但製成《2020立委空戰學》的過程，確實是一個美好的契機，只因這片土地有群年輕人正在奮起。

正如同一開始誰也摸不透政治的形狀；如同在訪談中總是難以聽到一刀切割的政黨顏色；也如同參選人們，自會在艱難的拼搏與纏鬥中，尋得對抗世界的勇氣。至今我對於青年參政呈現倍數成長的2020年選舉，仍覺得很不可思議。

後來我常常會回想起見到這些青年從政者的第一眼，因為專訪前的五分鐘，更能探索一個人的真正性格。他們有些從容不迫，有些好整以暇，有些貌似比你還緊張，他們有的從法律轉戰政壇，有的從教育投身選舉，有的甘願孑然一身的投入政治，無依無憑卻也無所畏懼，但不管源頭從何而來，但最後想說的都是「相信」。

相信自己是改革中的重要一環，相信我們的家鄉本就該面朝世界綻放，相信只要出發，所有的盼望與念想很快就能獲得解方。

未來會是這樣的吧，儘管政治之路道阻且長，也總要面臨妥協與世俗的挑揀，但這個世代每一個年輕人的勇敢決定，加總起來，都會是我們期盼的未來。

萬事不易，感謝我生在這個年輕人都願意挺身而出的時代裡。